Edition
SV
international
**SCHWEIZER
VERLAGSHAUS**

Ger Peregrin

ZU FUSS

BASEL-
ASCONA

Entdeckungsreisen auf
neuen Fahrten und Fährten

Schweizer Verlagshaus, Zürich

© 1981 by Schweizer Verlagshaus AG
Printed in Switzerland
by Druckerei Carl Meyers Söhne AG, CH-8645 Jona
3-7263-6299-1

VORWORT

Im alten China, so lautet die Kunde, waren Reisebeschreibungen, Berichte über fremde Länder und geographische Karten für das Volk verboten. Die chinesischen Kaiser hielten diese Art von Literatur für gefährlich, ja landesverräterisch.
So unrecht hatten die alten chinesischen Machthaber nicht. Reiseführer sind Verführer. Reiseliteratur verführt zum Verlassen des heimischen Herds, verleitet zur Aufgabe des bisher Erreichten, lockt zum Aufbruch nach neuen Ufern, neuen Ländern, neuen Horizonten, drängt zur Prüfung alter Haltungen und Anschauungen, reizt zur Aufnahme von Neuem, Fremdem ...
Reiseliteratur ist subversiv.
Nun freilich: Wenn heute einer eine Reise tut, so wird er kaum so sehr verändert wiederkehren. Denn wer heute eine Reise tut, tut es mit Tempo; er rast von Stadt zu Stadt, er jagt von Land zu Land, er jettet über Kontinente. Geschwindigkeit aber ist etwas, das wahrem Erleben zuwiderläuft. Erhart Kästner hat einmal gesagt: «Es ist unglaublich, wieviel die Windschutzscheibe dem Menschen weggenommen hat.»
Dies hier ist kein Reisebericht, sondern ein Wanderbericht. Ich hoffe, daß er Sie verführt ...
Ein Freund hat mir gesagt, diese Wanderberichte seien bloß «Gebrauchsliteratur», Gebrauchsanleitungen für Weg und Steg, Feld und Wald, Berg und Tal, Gasthaus und Herberge; ich dürfe meine literarischen Gaben nicht an ländliche Idyllen und heile Wanderwunderwelt ver-

schwenden, ich solle mich den Problemen dieser Zeit stellen, ich müsse engagiert schreiben, und alternativ.
Lieber Freund, ist man denn nicht alternativ, wenn man Mitmenschen auf Wanderwege führt, verführt, in dieser Motorenepoche, auf grüne Pfade führt in dieser grauen Asphaltzeit?
Ist man nicht engagiert, wenn man Wege weist, die in die Stille führen in diesen lauten Jahren, Wege, die hinausführen aus der Beton-, Glas- und Kunststoffwelt in die lebendige Natur, hinaus aus dem Gestank, dahin, wo Felder und Wälder noch duften und die Erde noch atmet.
Ist man nicht zeitbewußt, wenn man Fährten zeigt, die wegweisen aus dem Massenmief unseres Alltags in die Abgeschiedenheit der Berge und gleichzeitig hinweisen zum Mitmenschen, zum gemeinsamen Erleben in dieser kontaktarmen Menschenwelt.
Denn das alles ist Wandern, mein Freund.
Unsere Wandergruppe hat sich im Laufe vieler Wanderungen erst gefestigt. Eine bunte Schar, Junge, Alte, Frauen, Männer, die verschiedensten Berufe. Ein Verein ohne Statuten und Vorstand; Leute ohne Protokoll, aber mit Wanderfieber im Blut und Fernweh im Herz.
Nun ja, Fernweh tönt vielleicht übertrieben, wenn man Anfang und Ziel unserer Wanderung kennt: Basel—Ascona . . . was heißt da Fernweh? Die Sehnsucht nach fernen Weiten befriedigt man heute eher in den Anden, im Himalaja, auf Island oder am Kilimandscharo. Das sind Schlüsselwörter für das Erleben der großen weiten Welt. Nur ist es eben mit dem Erleben so eine Sache: Wer auf dem Napf nichts erlebt, den wird auch am Kilimandscharo nichts bewegen;

wer keine Augen hat für den Weiler am Weg, dem wird auch die große weite Welt verschlossen bleiben.
Große weite Welt! Die Schweiz ist groß und weit . . . wenn man wandert. Basel—Ascona, das ist ein langer Weg. Doch auch der längste Weg beginnt mit dem ersten Schritt. Unsere Gruppe hat ihn getan, sie zog los, von der Humanistenstadt am Rheinknie zum alten Künstlerort am Lago Maggiore . . . die Verführung zum glückhaften Wandern ist geglückt.
Ihnen aber, liebe Leserin, lieber Leser, die Sie den Weg noch vor sich haben, Ihnen wünsche ich heitere Wandertage durch diese große, kleine Schweiz.

                                        Ger Peregrin

Am romantischen Ufer der Birs, bei St.Jakob, wo sich 1444 die Alten Eidgenossen und die Armagnaken eine erbitterte Schlacht geliefert haben, beginnen wir unsere Wanderung BASEL—ASCONA.

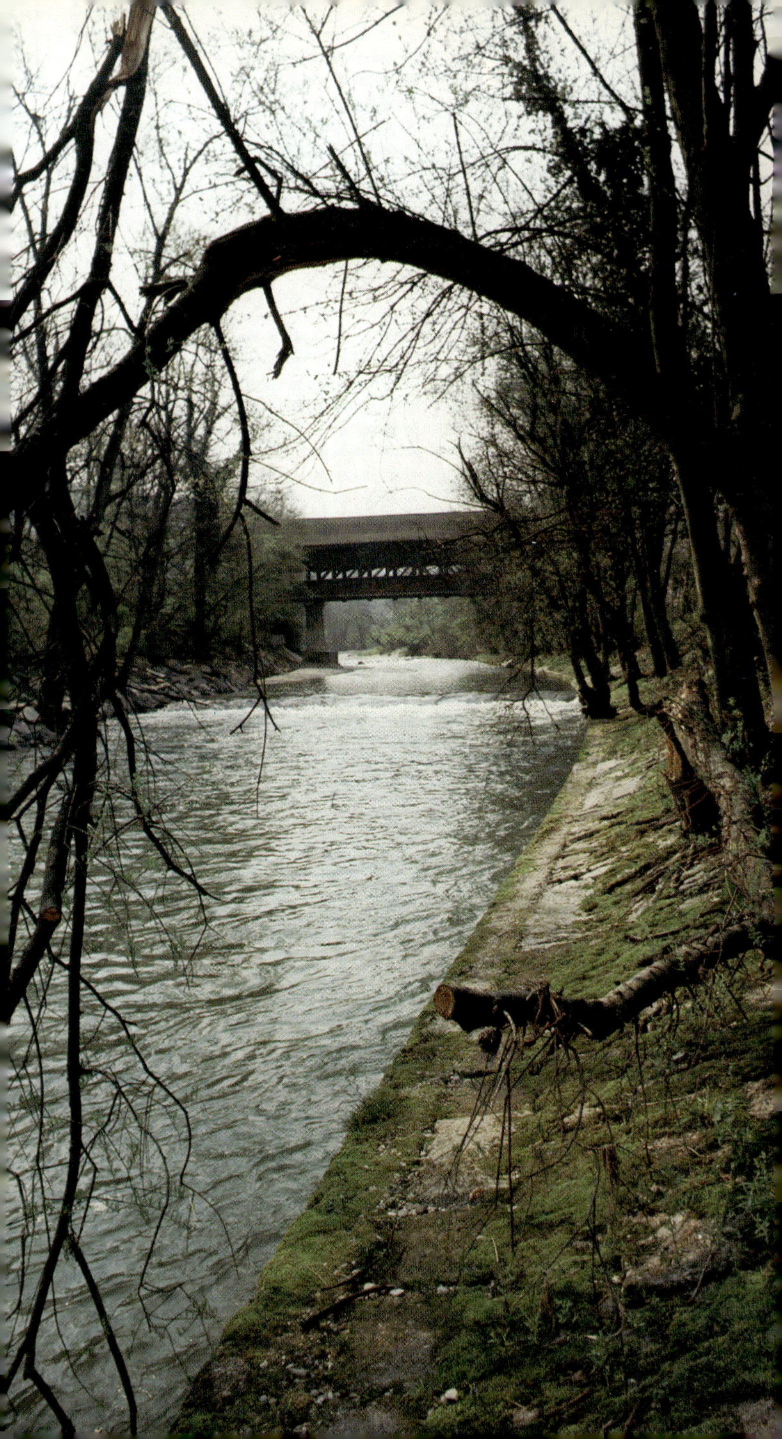

1. ETAPPE: BASEL–ZIEFEN

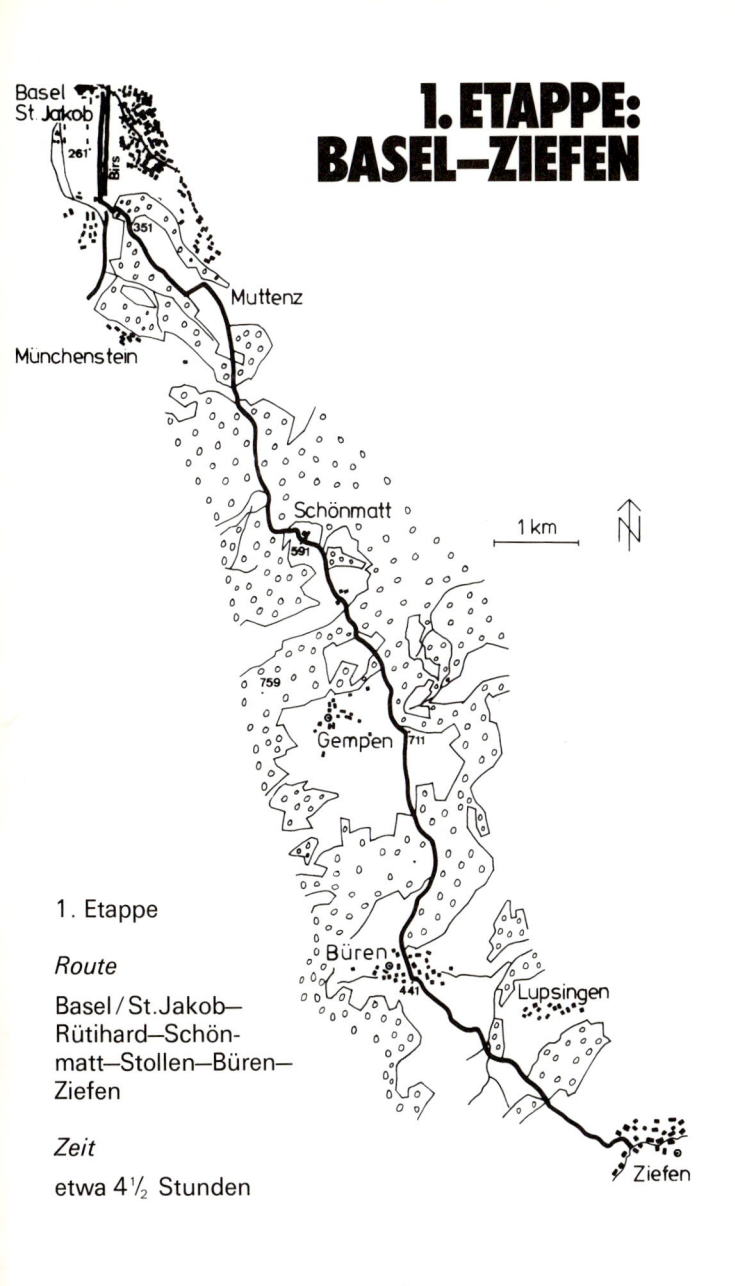

1. Etappe

Route

Basel/St. Jakob–
Rütihard–Schön-
matt–Stollen–Büren–
Ziefen

Zeit

etwa 4½ Stunden

Verpflegung, Unterkunft

Unterwegs
Schönmatt   Bergrestaurant Schönmatt
Büren   Restaurant Kreuz
                    Restaurant Linde
                    Restaurant Traube

Am Ziel:
Ziefen   Restaurant Tanne
                    Restaurant Rößli

Übernachtungsmöglichkeit in
Bubendorf   Gasthaus Rößli
                    061 / 95 17 22
                    privat 061 / 95 12 04

Verkehrsverbindung
Postautokurs Ziefen–Basel

Karte
Spezialkarte des Jura 1 : 50 000,
Kümmerly & Frey, Bern

Wir starten da, wo 1444 die alten Eidgenossen und die Armagnaken einander verhauen haben:

in St. Jakob an der Birs. Das ist lange her und vergessen; heute ist St. Jakob den Fußballfans eher als Stadion und Armagnac den Kennern scharfer Sachen eher als edler Weinbrand bekannt.

Das Erstaunliche an unserem Start: Wir sind sofort im Grünen, wandern der Birs entlang, freuen uns am lebhaften Vogelgezwitscher, das wir in solcher Stadtnähe nicht erwartet haben — das Gehölz ist Vogelschutzgebiet. Über die hölzerne gedeckte Birsbrücke steigen wir hinauf zur Rütihard. Abwechslungsreich führt unser Weg durch Wald und Feld und überrascht mit Ausblicken auf Birstal, Rheintal und Schwarzwald.

Unerwartet dann das Bergwirtshaus Schönmatt. Die zwei notorischen Kaffeetanten unserer Gruppe können nicht widerstehen, und bald sitzt die ganze Gesellschaft bei dampfendem schwarzem Gebräu und anderen Säften.

Das Wetter ist uns wohlgesinnt; wir ziehen durch den Frühling, über das Gempenplateau und Stollen hinunter zum solothurnischen Büren. Schon haben wir drei Kantone «erwandert»: Baselstadt, Baselland und Solothurn . . . die Schweiz ist klein.

Wieder geht es hinauf zur Kantonsgrenze Solothurn—Baselland, hinauf zum Chleckenberg. Vor uns dehnen sich die Berge und Täler des Tafeljuras. Und schon liegt das Ziel unserer ersten Etappe unter uns: Ziefen, das schmucke Baselbieter Dorf mit einer Geschichte, die bis zu den Römern zurückreicht.

Das Volk, das zur Zeit der römischen Herrschaft

St. Blasius in Ziefen.

das Gebiet des heutigen Tessin besiedelte, wurde von den Römern Lepontier genannt.
Vor uns liegt noch ein langer Weg ins Land der Lepontier ... Die Schweiz ist groß!
Die ersten Schritte aber sind getan, wir freuen uns auf den nächsten Wandertag, die nächste Etappe.

Unsere treuen Begleiter:
Die gelben Wegmarken der
Wanderwege.

*Immer wieder an unserem Weg:
Basler Kirschbaumblüten.*

2. ETAPPE: ZIEFEN–LANGENBRUCK

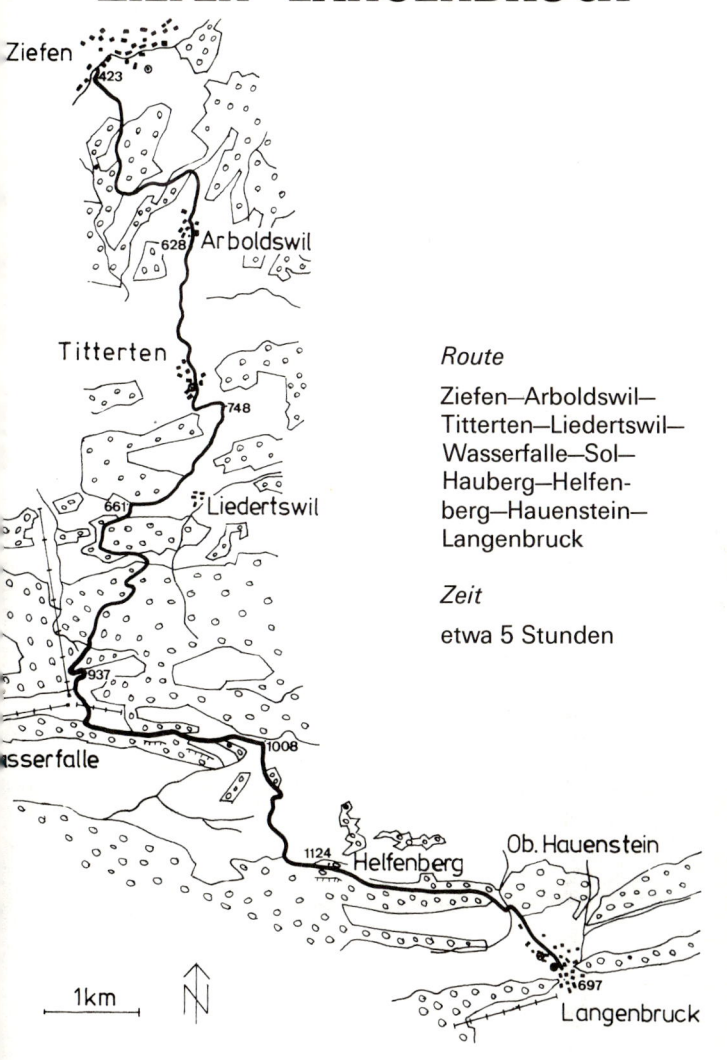

Route

Ziefen–Arboldswil–
Titterten–Liedertswil–
Wasserfalle–Sol–
Hauberg–Helfen-
berg–Hauenstein–
Langenbruck

Zeit

etwa 5 Stunden

Verpflegung, Unterkunft

Unterwegs

Arboldswil	Restaurant Flüeli
	Restaurant Rudin
Titterten	Restaurant Sodhus

Am Ziel

Langenbruck Bären Langenbruck
(auch mit Hotel Garni im Oskar-Bider-Haus)
062/60 14 14

Pension Erica
062/60 11 17

Tip für Gourmets

Coq au Dézaley (es muß nicht immer au Chambertin sein) im Hotel-Restaurant Bären.

Verkehrsverbindungen

Postauto Langenbruck—Waldenburg, Eisenbahn Waldenburg—Bad Bubendorf, Postauto Bad Bubendorf—Ziefen

Karte

Spezialkarte des Jura: 1 : 50 000,
Kümmerly & Frey, Bern

Steiler Abstieg durch den Wald nach Langenbruck.

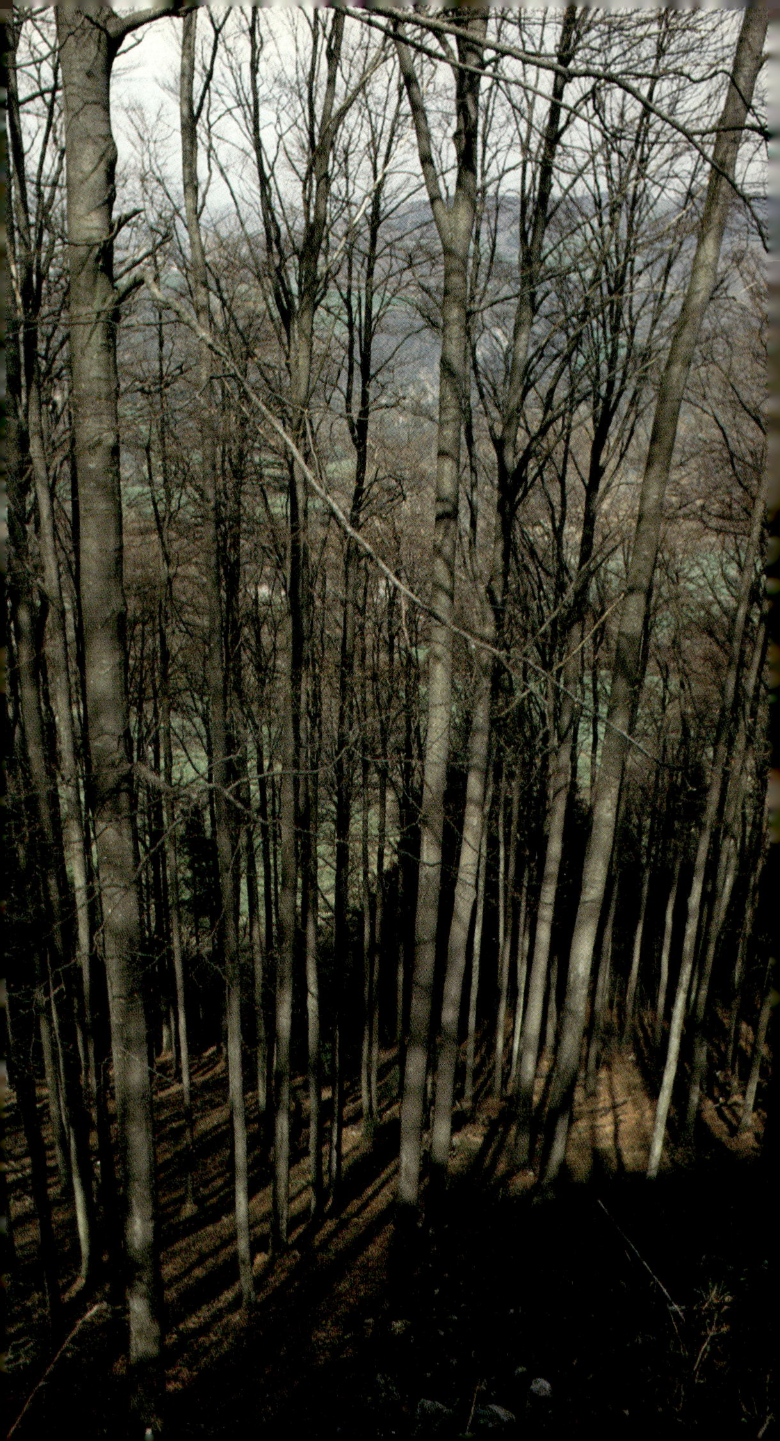

Nur eine Woche später trifft sich unsere Gruppe genau da, wo wir am letzten Sonntag aufgehört haben: In der «Tanne» zu Ziefen. Doch schon bald mahnen vom nahen Kirchberg die Glocken von St. Blasius zum Aufbruch.
Hügelan geht es durch die Blütenpracht des frühen Baselbieter Frühlings; hinunter nach Arboldswil, wo der Zufall eine Überraschung für uns bereithält: Wir geraten mitten in einen heimatkundlichen Rundgang und erfahren viel Wissenswertes über das Dorf, seine Bewohner, seine Geschichte. Auf dem Dorfplatz stehen Männer unter einem Maibaum und singen alte Lieder in den jungen Tag.
Ländlicher Friede um uns und in uns. Das Bild eines intakten Dorfes mit einer intakten Gemeinschaft. Behäbigkeit und Geborgenheit verführen zum Bleiben . . . und doch drängt es uns weiter. So muß es den Wanderburschen früherer Zeiten zumute gewesen sein: Hier das solide Versprechen einer behaglichen Bürgersicherheit — dort die geheimnisvollen Verlockungen eines ungewissen Wanderlebens.
Der Gesang der Männer unter dem Maibaum wird dünner und verweht schließlich ganz. Wir queren das Dorf Titterten, streifen Liedertswil und steigen hinauf zu der auf 1013 Meter hoch gelegenen Wasserfalle.
Eine Weile bummeln wir der unsichtbaren Kantonsgrenze entlang, das linke Bein im Baselbiet, das rechte im Solothurnischen. Weiter geht es über Sol, Hauberg, Helfenberg zum Oberen Hauenstein und hinunter zum wieder eindeutig baslerischen Langenbruck.
Und wieder stoßen wir auf Römerspuren. Nach ihrem Sieg über die Helvetier bauten die Römer

den Hauenstein zu einer festen Verbindung zwischen Augusta Raurica und Aventicum aus. In «Langenbruccho» wurden im sumpfigen Gelände Rundhölzer quergelegt, was offenbar den Eindruck einer «langen Brücke» machte und dem Ort den Namen gab.

Seit der Autoverkehr über die Autobahn durch den Belchentunnel braust, ist es ruhiger geworden in Langenbruck. Als Feriendorf und Skigebiet hat Langenbruck dadurch nichts eingebüßt ... im Gegenteil.

Langenbruck ist Geburtsort und Grabstätte eines Mannes, der ähnliches vorhatte wie wir, wenn auch um einiges kühner: Oskar Bider, der Mann, der erstmals im Fluge die Alpen querte. Seine Alpentraversierung war eine Sache von Stunden ... unsere Wanderung Basel–Ascona aber ist eine Sache von 17 Etappen — 17 Tagen.

Auch das Grauvieh freut sich am Frühling.

Alter Grenzstein Basel / Solothurn.

Verschwenderischer Lenz im Basler Land.

3. ETAPPE: LANGENBRUCK–ROGGWIL

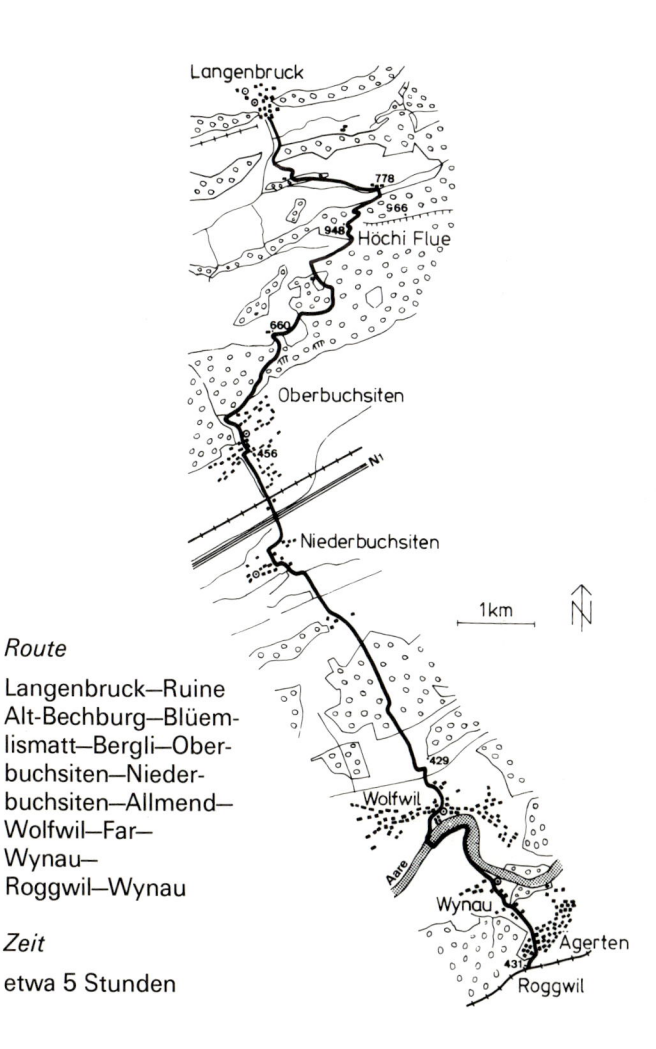

Route

Langenbruck–Ruine Alt-Bechburg–Blüemlismatt–Bergli–Oberbuchsiten–Niederbuchsiten–Allmend–Wolfwil–Far–Wynau–Roggwil–Wynau

Zeit

etwa 5 Stunden

Verpflegung, Unterkunft

Unterwegs

Bechburg	Restaurant Bechburg
Blüemlismatt	Bergrestaurant Blüemlismatt
Oberbuchsiten	Gasthof zum Löwen Restaurant Chutz
Wolfwil	Gasthof zum Kreuz (direkt an der Aarefähre)

Am Ziel

Roggwil-Wynau	Gasthof zur Traube 063/49 22 32 (direkt am Weg, jedoch nur 4 Betten)

Weitere Übernachtungsmöglichkeiten

Obermurgenthal	Gasthof zum Löwen 063/46 10 02
Roggwil	Gasthof zur Linde 063/49 22 29
St. Urban	Gasthof Löwen 063/49 22 30 (direkt am Weg der 4. Etappe, jedoch eine halbe Marschstunde weiter)

Verkehrsverbindung

Eisenbahn Roggwil–Murgenthal, Postauto Murgenthal–Wolfwil–Oensingen, Eisenbahn Oensingen–Balsthal, Postauto Balsthal–Langenbruck Einfacher: PW verschieben.

Frohsinn sei des Wanderers Weggefährte. Im «Frohsinn» zu Langenbruck besammelt sich — wieder eine Woche später — unsere Schar zum Frühschoppen. Das Wetter ist windig und neblig. Meine Wandersleute, verwöhnt von den strahlenden Wandertagen zuvor, verdrücken sich in der warmen Gaststube und zeigen wenig Lust zum Aufbruch.

Nur mit Mühe gelingt es, sie zu überzeugen, daß in einer Wanderkarte mehr steckt als in einer Jaßkarte ... und überhaupt: Es gibt kein schlechtes Wanderwetter — es gibt nur schlechte Kleider.

Dabei regnet es nicht einmal. Im feuchtkalten Nebel ziehen wir los, durch Wald und Matten, hinauf zu den Zinnen der Ruine von Alt Bechburg, dem ehemaligen Stammsitz der Bechburger, der alten Sperre des Oberen Hauensteins. Da ... vor uns, ganz plötzlich ... gespenstisch tritt er uns aus zerwehten Nebelschwaden entgegen ... ein Soldat aus napoleonischer Zeit in voller Uniform ... wie ein Geist der Bechburger Ruine entstiegen. Das Gespenst spricht unverkennbar Baseldytsch, und bald klärt sich der Spuk: Eine Filmequipe dreht Geschichten aus alter Zeit und wartet auf besseres Wetter ... wie wir.

Karte

Spezialkarte des Jura 1 : 50 000,
Kümmerly & Frey, Bern
Wanderkarte Oberaargau 1 : 25 000,
Kümmerly & Frey, Bern

Und tatsächlich: Auf der Höhe zwischen Egg und Höchflueh hellt es auf. Wir stehen auf dem Kamm der ersten Jurakette, stehen an einer entscheidenden Wende unserer Wanderung Basel—Ascona. Hinter uns und unter unseren Füßen der Jura, das erste große landwirtschaftliche Segment unserer Durchquerung der Schweiz. Vor uns das Mittelland, die zweite Großlandschaft im schweizerischen Raum. In der Ferne aber die Alpen, der dritte große Abschnitt unserer Wanderung. Und unsichtbar noch, aber Gegenstand unserer Wandersehnsucht an diesem frostigen Frühjahrstag: Die Südschweiz . . . der Ticino.
Wir wärmen uns im nahen, schon am Südhang der ersten Jurakette gelegenen Bergrestaurant Blüemlismatt. Und während dieser Pause bessert sich das Wetter wirklich, so daß wir sogar im Freien Feuer anfachen, braten und rasten können.
Steil geht es dann hinunter, von gut achthundert auf vierhundert Meter, vorbei am Bergli, durch den Hardwald nach Oberbuchsiten. Hier queren wir hintereinander die alte Jurafuß-Straße, die Eisenbahnlinie Solothurn—Olten, die Dünnern und auf einem Fußgängersteg die Autobahn. Weiter geht es ins Mittelland, in noch besseres Wetter, über Niederbuchsiten, Allmend, Schloßhubel, Waldegg nach Wolfwil, wo wir, in einem der romantischsten Flußläufe, die ich kenne, mit einer Fähre die Aare queren und über den Fähracher und Wynau unser Etappenziel Roggwil—Wynau erreichen.

Majestätisch steht er am Jurahang und schaut ins Mittelland: Baumriese nach Blüemlismatt.

Sgraffito-Kunst in . . . Oberbuchsiten.

«Verzell' Du das em Fährima . . .»
Über die Aare von Wolfwil nach Wynau.

Hof bei Sängi.

4. ETAPPE: ROGGWIL–HUTTWIL

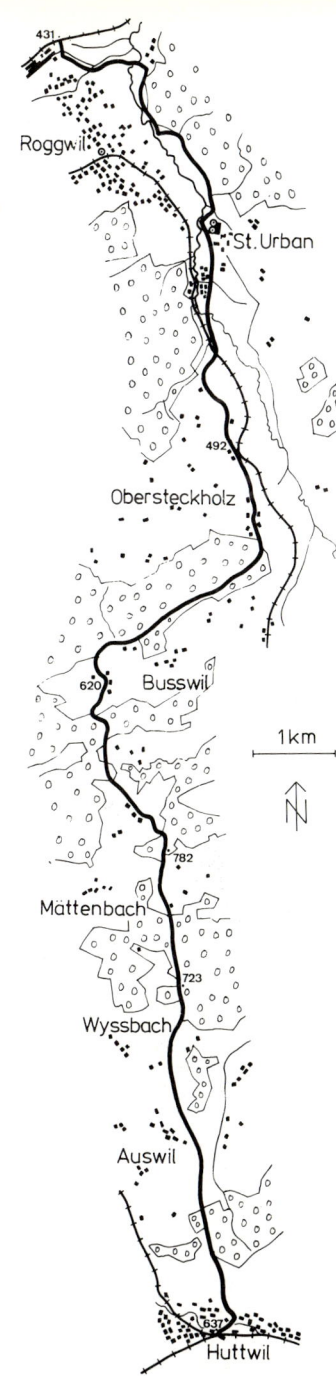

Route

Roggwil–Chülperg–St. Urban–Untersteckholz–Chlyrot–Breitacher–Ghürn–Hohwacht–Grünholzweid–Blattenberg–Huttwil

Zeit

etwa 5 Stunden

Verpflegung, Unterkunft

Unterwegs

St. Urban　　　　Gasthof Löwen

Am Ziel

Huttwil　　　　　Hotel Bahnhof
　　　　　　　　063/72 21 09

　　　　　　　　Hotel Krone
　　　　　　　　063/72 13 24

　　　　　　　　Hotel Mohren
　　　　　　　　063/72 14 44

　　　　　　　　Viele Restaurants

Verkehrsverbindung

Eisenbahn Huttwil–Langenthal, Langenthal–Roggwil

Karte

Wanderkarte Oberaargau 1 : 25 000,
Kümmerly & Frey, Bern

Es ist Spätfrühling. Noch leuchtet das Gelb des Löwenzahns in den Matten, noch blühen die Bäume an unserem Weg. Aber die Farben dieser Landschaft sind satter, sind reifer geworden. Und wieder verwöhnt uns das Wetter mit einem strahlenden Tag. Vom Bahnhof Roggwil—Wynau aus ziehen wir los Richtung Mangen und Chülperg, lassen Walliswil links hinter uns, queren bei der Sagi zum zweiten Mal die Rot, und schon grüßen die zwei Kuppelhauben der achteckigen Türme von St. Urban zu uns herab. St. Urban, die mächtige Klosteranlage im Kanton Luzern, dicht an der bernischen Grenze.
Wenn Steine reden könnten! Die Gemäuer von St. Urban hätten zu erzählen. Von Höhen und Tiefen menschlichen Daseins, von menschlichem Geist und menschlichem Ungeist. St. Urban: Durch fromme Mönche gegründet, durch reiche Schenkungen kunstvoll erbaut und erweitert, in den Guglerkriegen zum Hauptquartier ernannt, die Mönche vertrieben, das Kloster geplündert und schließlich niedergebrannt, neu aufgebaut und wieder eingeäschert. Und wieder aufgebaut. Lazarett in napoleonischer Zeit, dann wieder Kloster, 1848 als Kloster aufgehoben, verlassen, dann Lehrerseminar, dann Zuchthaus und schließlich Anstalt für Geisteskranke. St. Urban . . .
Die mächtige Stiftskirche von St. Urban gilt als eine der hervorragendsten Barockkirchen der Schweiz, mit reichen Stukkaturen, einer prächtigen Rokoko-Kanzel und einem weltberühmten Chorgestühl, das biblische Geschichten erzählt. 96 kunstvoll geschnitzte Täfelfüllungen zeigen Szenen aus dem Alten und dem Neuen Testament. Doch dieses Chorgestühl erzählt nicht nur

Geschichten..., es hat eine eigene Geschichte... Geschichte menschlicher Torheit und menschlicher Einsicht: 1848 wurde das einmalige Kunstwerk für 7000 Franken verschachert, erreichte nach langer Irrfahrt Schottland und wurde 1911 für 50 000 Franken nach St. Urban zurückgeholt...
Torheit der Luzerner Regierung von 1848? Oder ist es der Ungeist der Zeit, der solches möglich macht? Und sind wir frei davon? Oder verhökern auch wir, aus dem Ungeist unserer Zeit heraus, Werte, die künftige Generationen zurückholen möchten, und vielleicht nicht mehr können?
Solchen Gedanken nachhängend, treten wir hinaus aus der mächtigen Anlage, hinaus aus dem kaum betretenen Kanton Luzern wieder in den Kanton Bern, nach Untersteckholz, Chlyrot, durch den Rotwald hinauf zu den Weilern Breitacher und Ghürn, steil empor zur Hohwacht, dem beliebten Aussichtspunkt auf 782 Meter Höhe.
Wir wandern fast genau auf der Nord-Süd-Achse durch den Schmidwald und über den Höhenzug Grünholzweid/Blattenberg. Vor uns weitet sich das Tal der Langeten und die großartige Hügellandschaft des näheren und weiteren Emmentals. Und bald schon liegt unter uns das alte Zähringerstädtchen Huttwil, unser Tagesziel.

«Pritsche» bei Roggwil —
und Erinnerung an die gute alte Zeit
der Wässermatten.

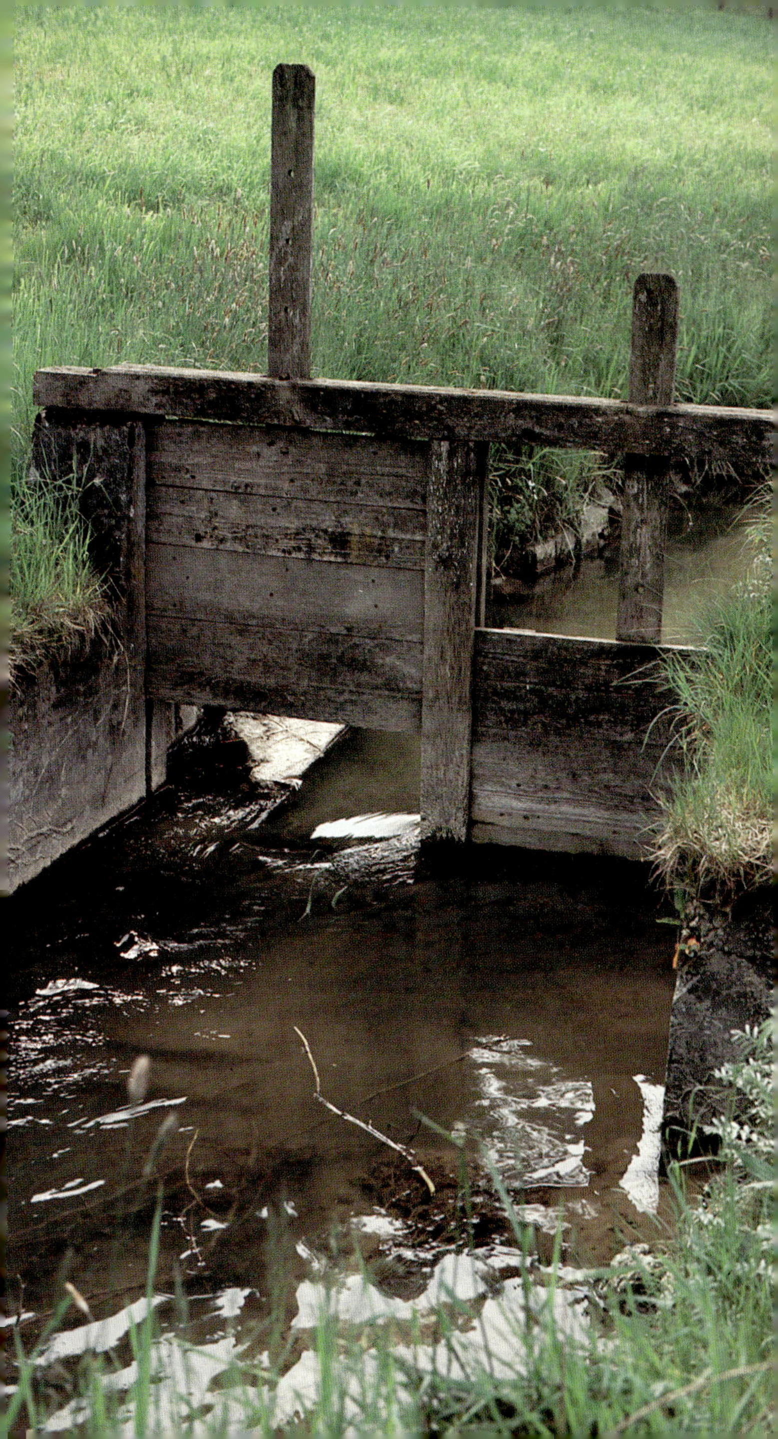

*Die Kuppelhauben der Türme
von St. Urban grüßen zu uns herab.*

*Sagi heißt der Ort,
wo dieses Wasserrad einmal die Sägemühle trieb.*

. . . aber für Durstige gibt es auch angeschriebene Häuser

Altes Rieghaus in der Allmend.

*Eine der 96 Täfelfüllungen
des weltberühmten Chorgestühls.*

5. ETAPPE: HUTTWIL–NAPF

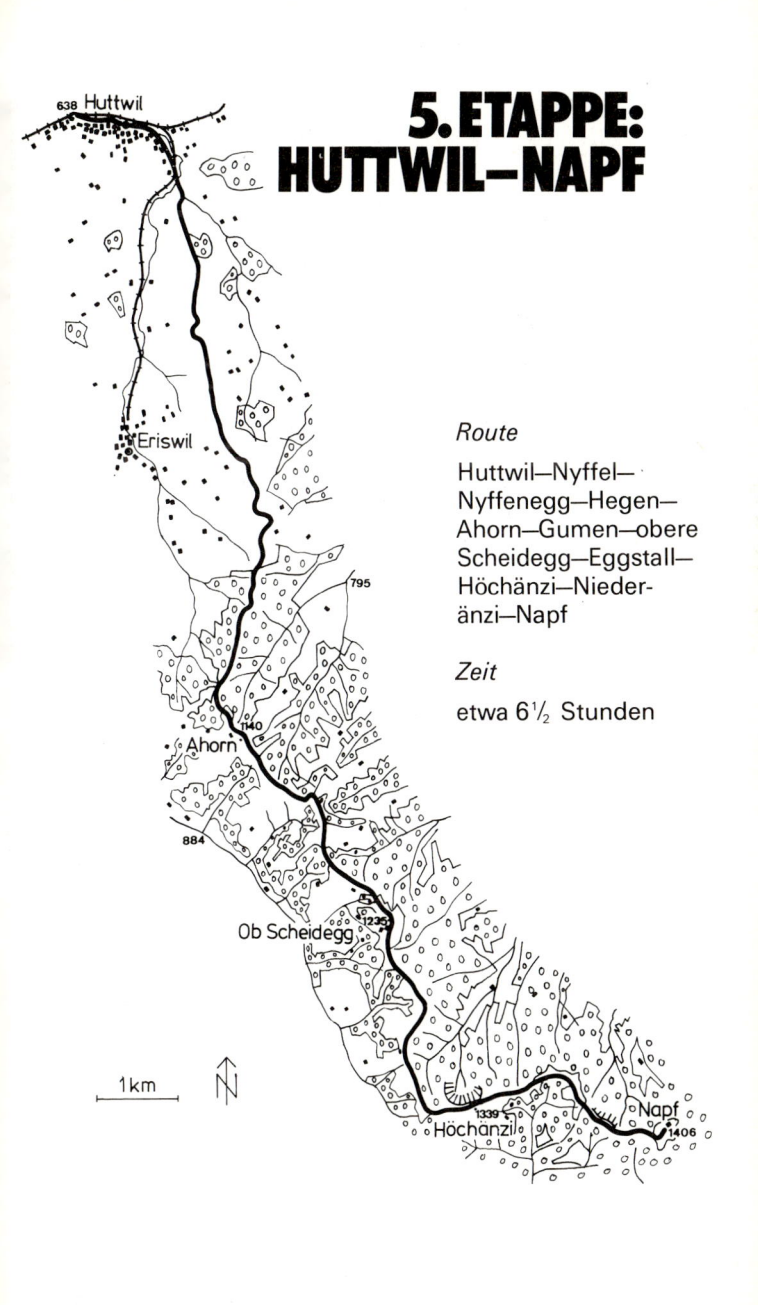

Route

Huttwil–Nyffel–
Nyffenegg–Hegen–
Ahorn–Gumen–obere
Scheidegg–Eggstall–
Höchänzi–Nieder-
änzi–Napf

Zeit

etwa 6½ Stunden

Verpflegung, Unterkunft

Unterwegs
Höchänzi — Bergrestaurant Höchänzi

Am Ziel — Einzige Übernachtungs- und Verpflegungsmöglichkeit

Napf — Berghotel Napf
035 / 6 54 08 (Sommer)
035 / 6 54 24 (Winter)

Währschafte Emmentaler Küche

Karte

Wanderkarte Emmental–Napf–Entlebuch
1 : 50 000, Kümmerly & Frey, Bern

Unsere Napf-Wanderung ist ein Zweitagemarsch. Oder genauer: ein Anderthalbtagemarsch, denn in unserer Gruppe wandern Kinder mit . . . und Kinder kennen keine Fünftagewoche. Erstaunlicherweise braucht es nicht einmal große Motivationskünste, um unsere jungen Mitwanderer direkt aus der Schulstube in die Wandersocken zu bringen . . ., noch wandern sie willig, unbeschwert und offen für alles, was Naturwelt und Menschenwerk am Wege für sie bereithalten.

Wir sammeln uns also erst um Mittag im alten Marktflecken Huttwil. Die Zähringergründung besaß seit altersher Stadtrecht, doch wer im heutigen Huttwil nach Stadtmauern sucht, schaut sich vergeblich um. Die Ringmauern und Stadttore von Huttwil gab es einmal, doch sie sind nicht mehr. Zwar wurden sie für einmal nicht die Beute einer fortschrittswütigen Zeit, sondern Racheopfer der gnädigen Herren zu Bern, weil sich die Huttwiler 1653 auf die Seite der aufständischen Bauern geschlagen hatten. Niklaus Leuenberger, der Anführer der Aufständischen, wurde in Bern geköpft. Den aufmüpfigen Huttwilern aber wurden die Stadtrechte entzogen, eine harte Buße auferlegt und ihre Stadtmauern und Tore geschleift.

Heute ist Huttwil ein friedlicher Fleck; gemütlich, behäbig, das «Blumenstädtchen im Emmental», wie es sich gerne nennt . . . ein Ort zum Einkehren und zum Bleiben.

Wir aber lassen «Huttu» hinter uns und ziehen aus, an schönen Höfen vorbei über Nyffel und Nyffenegg hinauf zur Obertalhöhe. Eine reiche Rundsicht bietet sich uns dar: ins untere Emmental, in die durchwanderten Ebenen des

Oberaargaus bis hin zu den blauen Ketten des Juras. Weiter geht es über die Wasserscheide zwischen Langeten und Neuligengraben bis in den Sattel von Hegen.
Wir wandern durch die Lande . . . und durch die Jahreszeiten. Schon riecht es reif nach Sommer, Heu und Gewitter. Wir wandern im schattigen Wald hinauf zur Alp Ahorn. Und wieder genießen wir eine üppige Sicht in die Hügelzüge und Grabenfurchen des nördlichen Napfgebietes.
Über weite Strecken markiert die Grenze zwischen Bern und Luzern unsern Weg. Unter uns liegt rechts der bernische Horngraben, links das luzernische Lutherntal. Über den Gumen und die obere Scheidegg erreichen wir das Höchänzi, über den Grat den Änzisattel und das Niederänzi. Eine letzte Anstrengung noch, und schon sind wir oben auf dem Plateau des 1406 Meter hoch gelegenen Napf.
Eine einmalige Rundsicht um 360 Grad belohnt unsere Mühen . . . und drinnen im Gasthaus erwartet uns ein dampfendes Mahl, heitere Geselligkeit und — spät in der Nacht — ein warmes Lager.

Kreuzweg nach Nyffenegg.

Kerbel strecken ihre Köpfe ins sommerliche Land.

*Vom Niederänzi zum Napf . . .
die letzten Kilometer unserer Tagesetappe.*

Heuet auf dem Weg zum Napf.

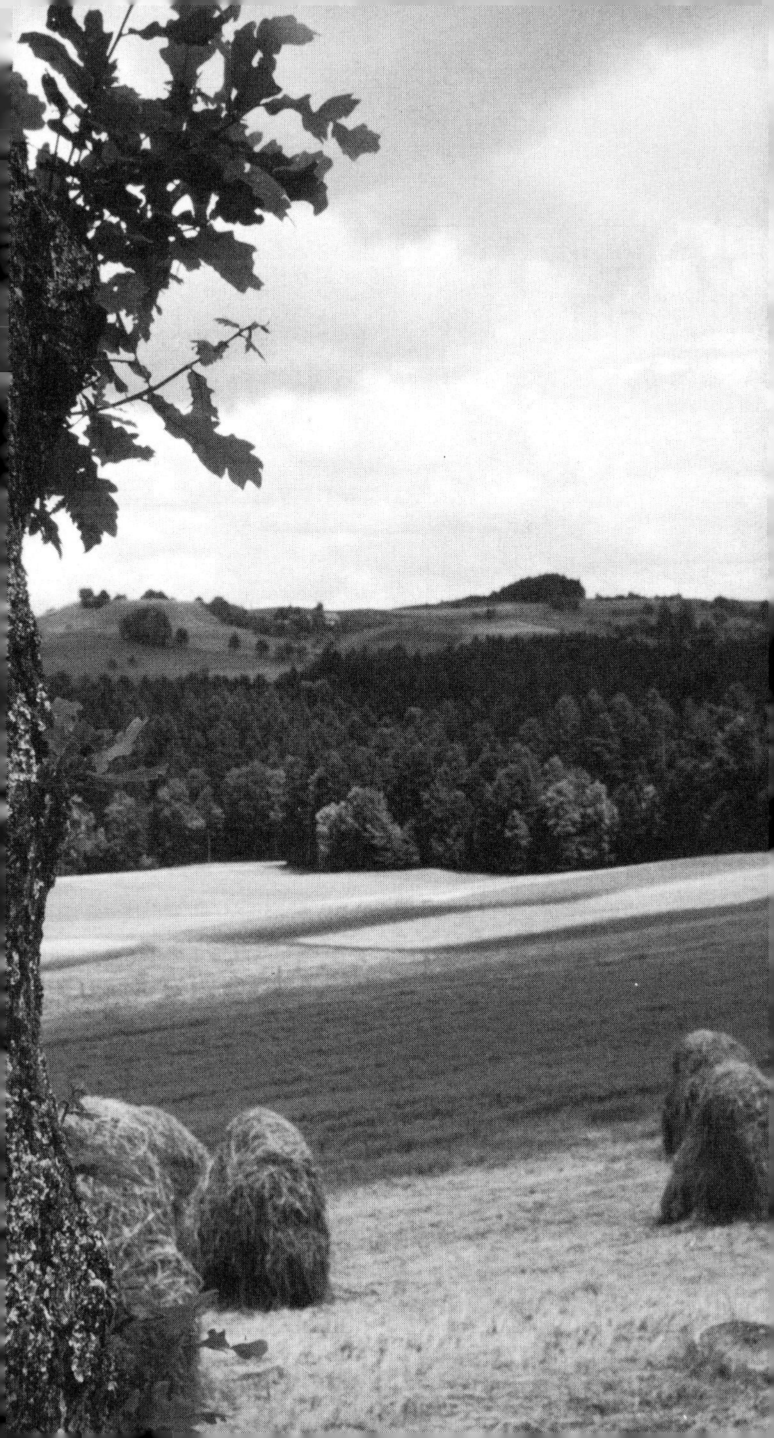

*Ein heftiger Wind bringt
erhitzten Wanderern willkommene Kühle.*

6. ETAPPE: NAPF-ESCHOLZMATT

6. Etappe

Route

Napf–Stachelegg–
Schwesternboden–
Chrüzboden–
Brandsegg–Witten-
schwändi–Rütishus–
Escholzmatt

Zeit

knappe 4 Stunden

Verpflegung, Unterkunft

Unterwegs keine

Am Ziel

Escholzmatt Hotel Bahnhof
041/77 11 07

Hotel Krone
041/77 11 10

Hotel Löwen
041/77 12 06

Hotel Rößli
041/77 12 41

Verkehrsverbindung

Eisenbahn Escholzmatt—Langnau, Langnau—Ramsei,
Ramsei—Huttwil

Karte

Wanderkarte Emmental—Napf—Entlebuch,
1 : 50 000, Kümmerly & Frey, Bern

Also, die Sache mit dem Napf ... wo soll ich da bloß beginnen? Der Napf, das ist nämlich nicht einfach ein Hügel zwischen Emmental und Entlebuch. Der Napf, das ist eine Welt.
Es heißt, daß viele Wege nach Rom führen. Aber man stehe einmal oben auf dem Napf, lasse den Blick in die Runde schweifen, über die Bergzüge, die Kuppen und Rippen, über Hänge und Flühe, über Weiden und Wälder, hinunter in die Gräben und Chrachen ... und erkenne dann, daß in diesem verwirrenden Labyrinth doch eine sternförmige Ordnung herrscht und daß all die unzähligen Wege und Pfade bergan führen und sich oben zu einem Zentrum finden ... dem Napf.
Mit dem Auto ist da allerdings nichts zu machen. Zurückhaltend, wie es seine Art ist, hat sich der Napf dem motorisierten Verkehr widersetzt — ein Glücksfall für alle Wanderer.
Wenn unser Blick dann weiter schweift, über die Grate und Gräben hinweg, bis in die Niederungen des Mittellandes und hin zum blauen Band des Juras, wenn unser Auge sich weitet über die Entlebucher Vorberge zu den Schneegipfeln der Innerschweiz, hinauf zu den majestätischen Bergriesen des Berner Oberlandes, hinauf ins klare Blau des Himmels ..., dann glaubt man einen Blick ins Ewige zu tun.
Wovon also soll ich berichten? Von weniger Jenseitigem? Von der Geologie des Napfgebietes, seiner Flora, seiner Fauna, seinen Menschen? Von Eiszeit und Nagelfluh, von bescheidenen Disteln und hochragenden Tannen, von Kühen und Geißen? Oder vom Wild im Napfgebiet ... und von den Wilderern? Von Bauern und Sennen, ihrer Arbeit, ihren Festen, ihrem Glauben

und Aberglauben? Von den Holzköhlern am Napf? Denn das gibt es immer noch. Von den Goldwäschern am Napf? Denn das gibt es wieder. Von Förstern und Wildhütern, Schindelmachern und Schnapsbrennern? Der Napf ist eine ganze Welt . . . Dies aber ist ein Wanderbericht — es wird Zeit zum Aufbruch. Ein erster Blick in den Morgen bewirkt lange Gesichter. Schwere Wolken jagen wie gehetzte Horden über den Buckel des Napf, ein grimmiger Wind peitscht uns Schnee und Regen ins Gesicht. Wir treten in die warme Stube zurück, zerdehnen unser Frühstück. Doch schließlich gibt es nur noch eins: Aufbruch in den Sturm.
Und dann geschieht das Wander-Wunder: In Minuten zerfetzt ein heftiger Wind Wolken und Nebel, die schweren Schwaden lösen sich auf und geben freie Sicht auf Berge und Tal. Die Welt ist frisch gewaschen — es ist Ende Juni.
Beschwingt schreiten wir talwärts, über eine der unzähligen Rippen des Napfs, fast genau Richtung Nord-Süd und wieder über längere Zeit auf der Grenze Bern/Luzern, über die Stachelegg, den Schwesternboden und den Chrüzboden, die Brandsegg, Wittenschwändi, Rütishus, hinunter ins Entlebuch, ins luzernische Escholzmatt.

Wolken, Nebel und Sonne
geben dieser Landschaft ihren besonderen Reiz.

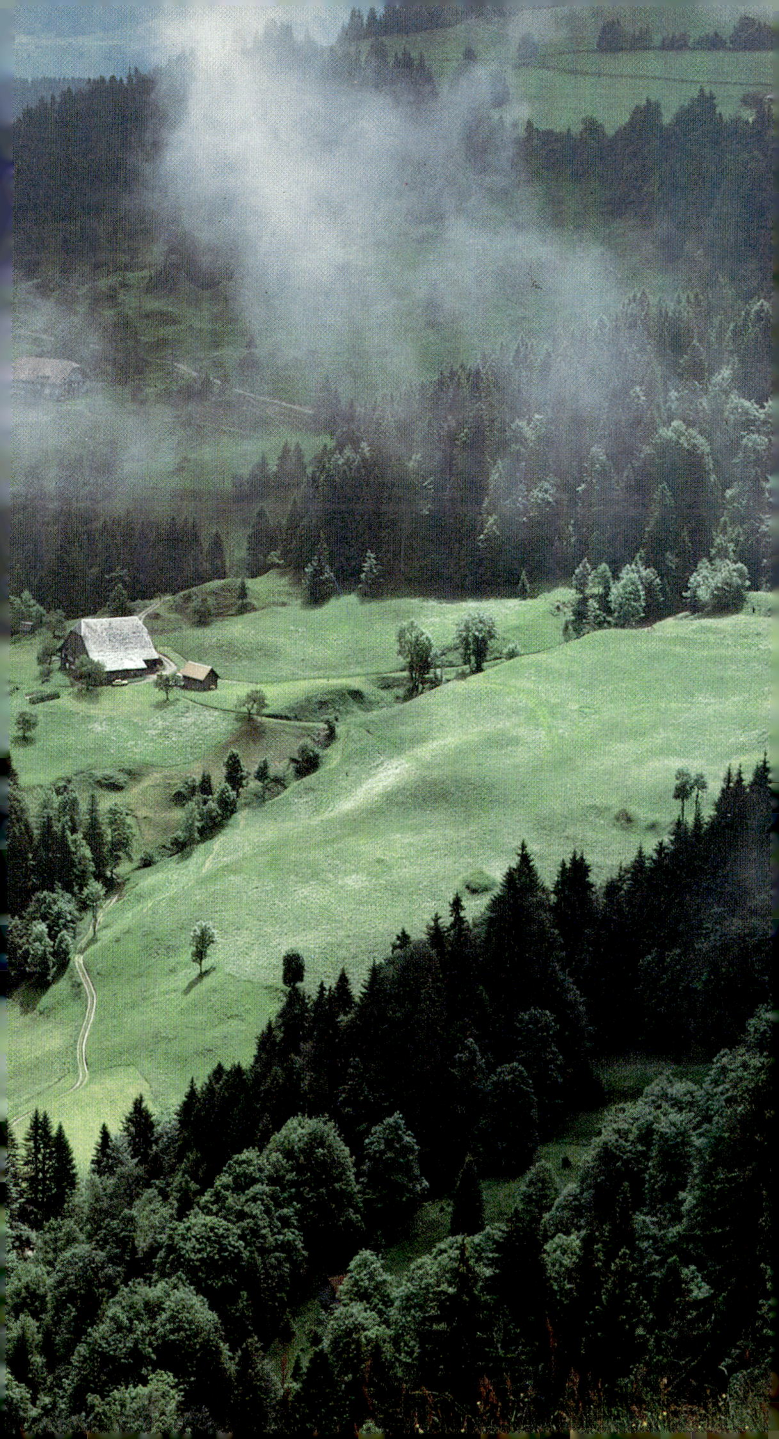

Aufhellung, und damit endlich Sicht ins Entlebuch Richtung Innerschweiz.

*Schließlich der Abstieg
nach Escholzmatt, durch satte, nebelfeuchte Matten.*

7. ETAPPE: ESCHOLZMATT– KEMMERI- BODENBAD

Route

Escholzmatt–Gigen–
Vierstocken–ober
Rämis–Chüeboden–
Rotenfluebödeli–
Hilferental–Wasser-
fall–Buhütten–
Hürnliegg–Stein–
Steinwang–Imbrig–
ober Habchegg–
Lauizug–Schibe-
hüttli–Kemmeri–
Kemmeriloch–
Kemmeribodenbad.

Zeit

etwa 5½ Stunden

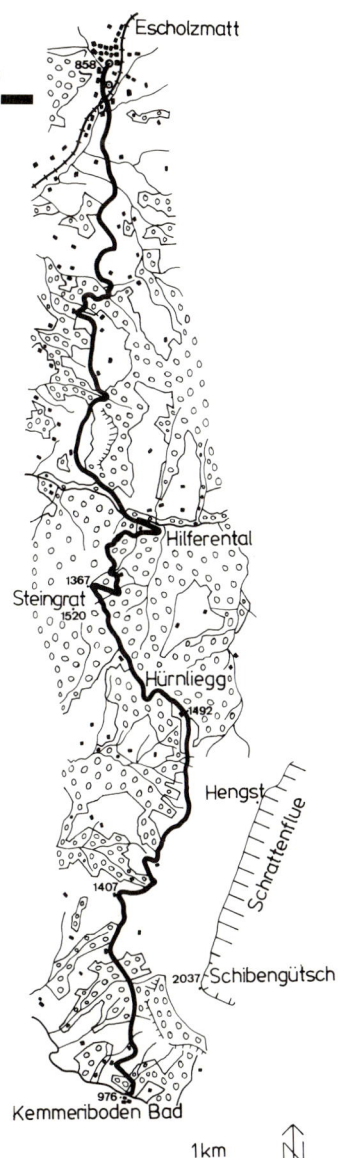

Verpflegung, Unterkunft

Unterwegs   keine

Am Ziel   Einzige Übernachtungs-
und Verpflegungsmöglichkeit:

Kemmeriboden-
bad   Bad Kemmeriboden
035/6 31 31

Tip für Nostalgiker

Wer will, kann hier im Stil der Jahrhundertwende baden. (Eisen- und Schwefelquellen)

Verkehrsverbindung

Postauto Kemmeribodenbad—Schangnau—Wiggen,
Eisenbahn Wiggen—Escholzmatt

Karte

Wanderkarte Emmental—Napf—Entlebuch,
1 : 50 000, Kümmerly & Frey, Bern

Willst du besser sein als wir, lieber Freund, so wandre!
Das sagt Goethe in seinen Epigrammen. Und das ist auch meine Scherzantwort, wann immer mich jemand fragt, wozu wir eigentlich die Strapazen der Wanderschaft auf uns nehmen.
Aber so einfach ist die Antwort gar nicht, und ich glaube, sie ist von Mensch zu Mensch verschieden: Fitneß? Naturerlebnis? Geselligkeit? Bewegungsdrang? Raumerlebnis? Freiheit? Oder, wie Gustav Freitag glaubt, «das abenteuerliche Sehnen nach einem idealen Land». Ich glaube, es ist für jeden etwas anderes. Da gibt es zum Beispiel einen in unserer Gruppe, der gibt unumwunden zu, daß ein rechtschaffener Hunger und die Freude am gemeinsamen Essen für ihn die Krönung jeder Wanderung seien. Da gibt es eine Frau . . . ein Mädchen aus den fernen Weiten der Masurischen Seen, mit dem zerrissenen Blick des Kindes aus dem flachen Grenzbereich . . . für sie muß das Wandern in den Bergen eine Art Gegenerlebnis sein. Und dann gibt es in unserer Gruppe natürlich Junge und Alte, die es mit dem Romantiker Eichendorff halten: «Wer in die Ferne will wandern, der muß mit der Liebsten gehn.» Das war jedenfalls das Motiv unserer Hochzeitsreise zu Fuß von Lugano nach Athen . . . eine herrliche lange, schöne, kurze Zeit. Die Zeit ist vorbei — das Motiv ist geblieben. Für alle in unserer Gruppe — und ich will sie gar nicht alle einzeln motivieren —, für alle dürfte die Freude am gemeinsamen Wandern, am gemeinsamen Erleben das zentrale Motiv sein. Und so ziehen wir denn los, unbeschwert wie immer und einmal mehr verwöhnt von einem gütigen Wettergott.

Wir lassen Escholzmatt hinter uns, eine Weile noch dem Bahngeleise entlang, über Gigen, Vierstocken hinauf zum Chüeboden, über das Rotenfluebödeli hinunter zum Hilferental.
Unsere Route ist markiert; in diesem verwirrenden Gelände sind uns die gelbleuchtenden Rhomben eine wertvolle und beruhigende Weghilfe.
Trotzdem verirren wir uns irgendwo zwischen Wasserfall, Buhütten und Hürnliegg. Der Anführer und glücklose Pfadfinder wird gehörig gehänselt, aber willig schreiten alle weiter, durch dick und dünn — denn auch das macht eine Wandergruppe aus — bis wir endlich in der Steinwang Orientierung und sicheren Weg wieder finden. Immer am Fuß der wuchtigen Schrattenflue wandern wir über Imbrig, die obere Habchegg, den Lauizug zum Schibehüttli, entlang am Wurzelstock des Schibegütsch, dieses markigen, bis weit ins Mittelland sichtbaren Bergstocks.
Unter uns fließt die junge Emme, vor uns erhebt sich das wuchtige Massiv des Hohgant. Mit diesem Berg fühlt sich einer unserer Wandergefährten so seelenverwandt, daß er uns seinen Wunsch kundtut, dereinst auf den luftigen Höhen des Hohgant-Massivs begraben zu werden . . . Vielleicht ist auch das ein Wandermotiv?
Über Kemmeri und Kemmeriloch steigen wir hinunter zum romantischen Kemmeribodenbad.
Seit altersher ist es für seine schwefel- und eisenhaltigen Heilquellen bekannt. Heute glaubt man sich beim Besuch dieses Bades in die Jahrhundertwende zurückversetzt.
Wir ziehen dem nicht gerade wohlriechenden

Bergwiese im Schrattengebiet.

Wasserspiele in der Hilferen.

Schwefel- und Eisenwasser einem andersartigen Trunk zum währschaften Emmentaleressen vor: «Epesses» aus welschen Landen; und wenn da jemand meint, dies sei ein Stilbruch, so mitten im Emmental, dann will ich ihm eine der wenig bekannten Strophen des Emmentaler Liedes in Erinnerung rufen: (Melodie «Niene geit's so schön u luschtig, wie bi üs im Aemmetal»).
«Wär si nid so dry will schicke,
cha, wenn är's grad sälft verma,
vo de Wälsche Wy la schicke,
oder cha i ds Wirtshus ga.»

Unser Weg — ein Holzweg?

*Noch liegt Schnee in den Runsen am Schibegütsch . . .
und dies im hohen Sommer.*

8. ETAPPE: KEMMERIBODENBAD – BRIENZER ROTHORN

Route

Kemmeribodenbad–
Hirschwängiberg,
Schneebärgli–Chüblisbüelschwand–ob.
Laubersmad–Bärsel–
Blatten–Pt. 1637–
Chruterenboden–
Schöngütsch–
Brienzer Rothorn

Zeit

etwa 5¼ Stunden

Verpflegung, Unterkunft

Unterwegs keine

Am Ziel

Brienzer Rothorn   Einzige Übernachtungs- und Verpflegungsmöglichkeit:

Hotel Rothorn Kulm
036/51 12 21

Karte

Wanderkarte Emmental–Napf–Entlebuch,
1 : 50 000, Kümmerly & Frey, Bern

Ein Hoch auf unsere Wanderwege! Man kann die Schweiz zu Fuß durchmessen, und nur selten wird man die gelben Pfade missen.
Basel—Ascona, das sind in unserem Fall 17 Etappen, 17 Wandertage. Man kann diese Tage aneinanderreihen oder, wie wir, in die Jahreszeiten streuen. Das hat Vor- und Nachteile, und nachteilig sind sicher die vielen An- und Rückreisen. Bis jetzt ging das recht gut, aber jetzt stellen sich ernsthafte Verschiebungsprobleme.
Wer je versucht hat, mit öffentlichen Verkehrsmitteln von Meiringen nach Kemmeribodenbad zu reisen, der wird davon ein ziemlich langes Liedchen singen können. Er wird über den Brünig nach Luzern fahren und das ganze Entlebuch abblättern, oder er wird eine Käse-Odyssee durchs halbe Emmental erleben.
Wir machen's daher wieder einmal mit dem PW-Trick: Ein Auto wird in Thun parkiert, seine Insassen finden Unterschlupf in den übrigen Wagen zum Start nach Kemmeribodenbad. Nach zwei Tagen wird uns die Bahn von Meiringen nach Thun bringen, wo der zurückgelassene Wagen alle Fahrer zum Start führt, während der Rest der Wandergruppe in Thun «Fulehung» spielt . . . so kompliziert ist das.
Doch zurück zu unserem Start im Kemmeribodenbad. Wir sind froh, die Autos, dieses notwendige Übel unserer Zeit, zu verlassen, befreit von Blech und Lärm und Bleigestank ziehen wir in den herrlichen taufrischen Morgen, hinein ins Mariental, über Hirschwängiberg zum Schneebärgli, über Holzwege und durch sumpfige Weiden nach Chüblisbüelschwand. Wege gibt es kaum und somit keine Wegmarkierung; wir steigen in ostsüdöstlicher Richtung über einen Aus-

läufer der Arnibergegg hinauf, bis die Sennhütte der oberen Laubersmad unseren Augen wieder Halt und Richtung gibt. Von hier geht es in östlicher Richtung leicht abwärts in die Weite des flach unter uns liegenden Talkessels von Bärsel. Wir queren den sumpfigen Talboden, und das Rinnsal, das sich durch den grünen Kessel schlängelt, und steigen weglos hinauf nach Blatten. Von hier an ist der Weg eindeutig. Steil führt er über eine Bergrippe zum Chruterenboden, durch Geröllhalden hin zum Lättgäßli, wo ein im Fels fixiertes Drahtseil den Aufstieg erleichtert. Alles in allem, und frei nach Franz Hohler: «E botterpflorigi Strupfete.»
Beim Schöngütsch erreichen wir den Brienzer Grat, und nun geht es in leichtem Anstieg hinauf zum Brienzer Rothorn. Ein überwältigendes Panorama belohnt unsere Mühen: Pilatus, Titlis, die ganze majestätische Kette der Berner Alpen.
Das Brienzer Rothorn hat eine Höhe von etwa zweieinhalbtausend Metern ... für zünftige Alpinisten ist das vielleicht wenig, von uns aber hat hier jeder sein Gipfelerlebnis.
Schon dunkelt es, ein gastliches Haus erwartet uns, ein warmes Mahl, ein kühler Trunk, ein Gipfelfest, ein warmes Bett schließlich ... Herz, was willst du mehr?

Im grünen Talkessel von Bärsel.

Auf der Chüblisbüelschwand.

Start zum Brienzer Rothorn: Kemmeribodenbad.

*Der alten Geiß ist es zu heiß;
aus kühlem Schatten sieht sie den schwitzenden
Wanderern nach.*

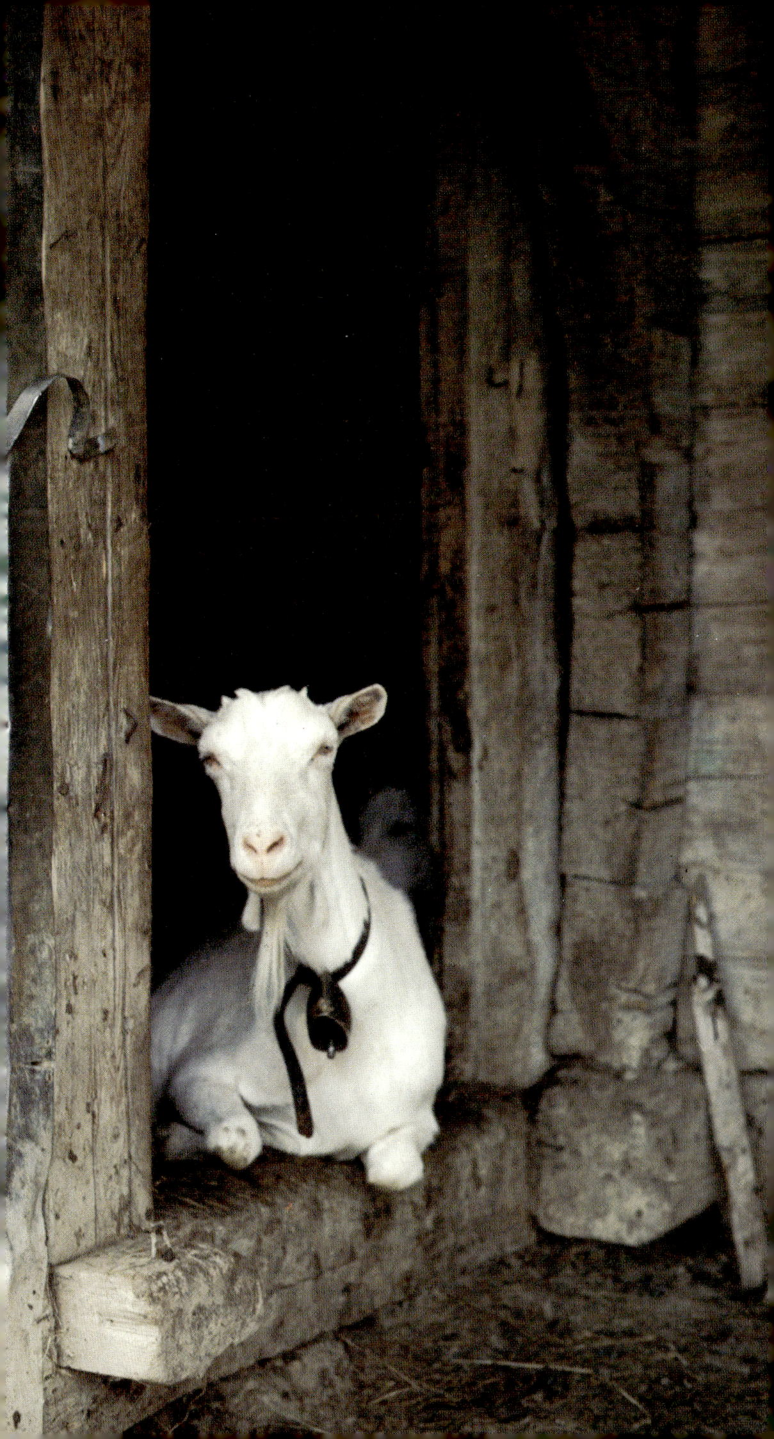

9. ETAPPE: BRIENZER ROTHORN – MEIRINGEN

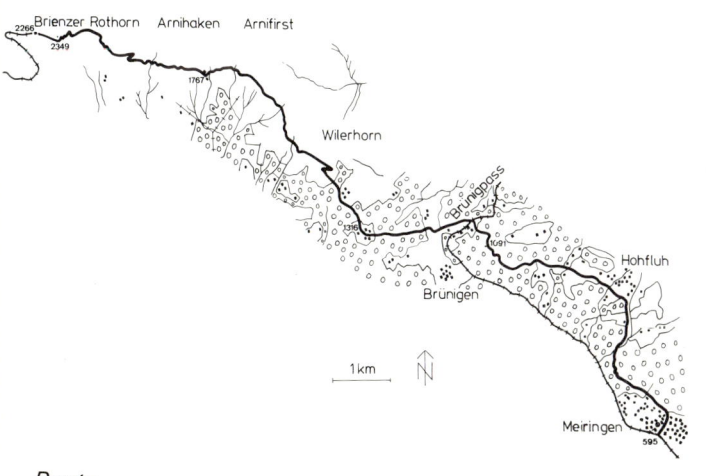

Route

Brienzer Rothorn–
Chäseren–Wilervor-
säß–Wacht–Brünig-
paß–Gallenplatten–
Breitenacker–Hoh-
fluh–Unterfluh–
Schwand–Meiringen

Zeit

etwa 6½ Stunden

Verpflegung, Unterkunft

Unterwegs
Brünig-Paß diverse Restaurants

Am Ziel
Meiringen Vielfältige Übernachtungs- und Verpflegungsmöglichkeiten;

Auskunft durch Verkehrsbüro
Meiringen
036/71 31 31

Verkehrsverbindung

Eisenbahn Meiringen—Brienz—Interlaken—Thun . . .
oder Eisenbahn Brünig—Luzern—Entlebuch . . .

Karte

Wanderkarte Oberhasli, 1 : 50 000,
Verkehrsverein Hasliberg

Sonnenaufgang auf dem Brienzer Rothorn. Ich kann und will ihn nicht beschreiben, weil mir dazu die Worte fehlen. Als Schreiber mogelt man sich da etwa durch, indem man einfach sagt, das Erlebnis sei unbeschreiblich.
Ich kann aber sagen, was so ein Sonnenaufgang in mir auslöst: Kindliches, ehrfürchtiges Staunen ob dem, was sich da tut in der Natur . . . Staunen auch darüber, daß ich noch staunen kann.
Denn nicht wahr, Staunen . . . das will so gar nicht in unsere Welt passen. Man ist ja Realist, frei von Sentimentalitäten, man ist aufgeklärt und abgeklärt. Der Stauner in der Natur . . . eine unzeitgemäße Figur, naiv, heile-Welt-gläubig in dieser unheilen Welt. Ich bekenne: Ich bin ein Stauner. Ich meine, die Welt war schon immer heil und unheil zugleich, und vielleicht ist sie heute wirklich unheiler denn je. Aber sie wäre vielleicht um einiges heiler, wenn mehr Menschen an ihre Heilheit glauben würden — staunen würden, zum Beispiel angesichts der aufgehenden Sonne. Ich mache mir den Vorwurf, nicht häufiger zu staunen.
Der Bergweg vom Brienzer Rothorn zum Brünigpaß ist unbeschwerlich. Ich kenne wenig Wanderrouten, die so viel Abwechslung und Aussicht bieten.
Es gibt zwei Bergwege zum Brünig. Wir nehmen die gut markierte Route über Chäseren, unterhalb der Scheidegg und dem Wilerhorn entlang nach Wilervorsäß, über die Wacht hinunter zum Brünigpaß auf nur 1007 Meter Höhe.
Hier werden wir, für kurze Zeit nur zum Glück, voll in unsere motorisierte Zivilisation zurückgeworfen: In beiden Richtungen dieser beliebten Paßstraße zwängt und drängt sich ungeduldig,

röhrend, drohend der Blech-Lindwurm, die Autoschlange.
Ein Fußweg nimmt uns wieder auf, führt uns nach Gallenplatten, über die saftiggrünen Matten und die dichten rauschenden Wälder des Hasliberges, verwöhnt unser Auge mit einem einmaligen Ausblick auf die Wetterhorngruppe, weist uns über Schwand dem Tagesziel entgegen: Meiringen.

Steinbock auf dem Brienzer Rothorn.

Brienzer Rothorn . . . überwältigende Panoramasicht.

Morgenstimmung am Eisee.

Vexierbild in Meiringen:
Das Gestänge einer ausgedienten Dampflokomotive.

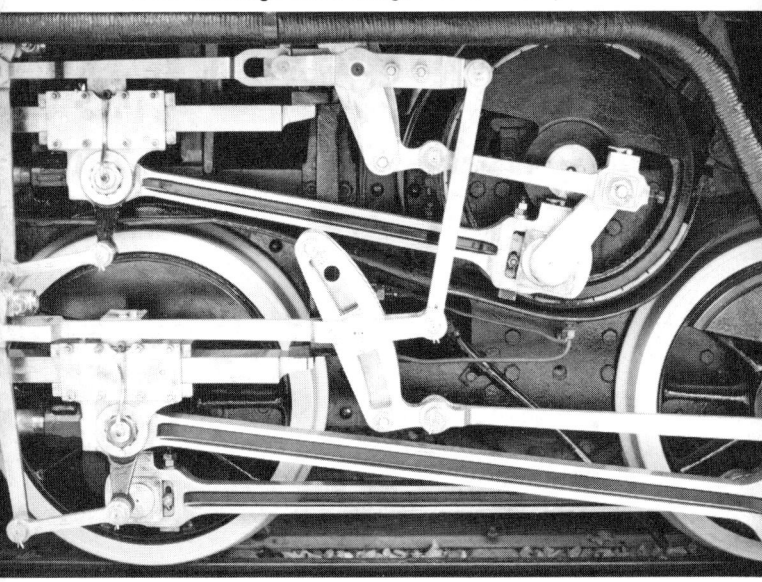

Wasserfall am Hasliberg,
ein dünnes Gerinnsel, doch manchmal . . .

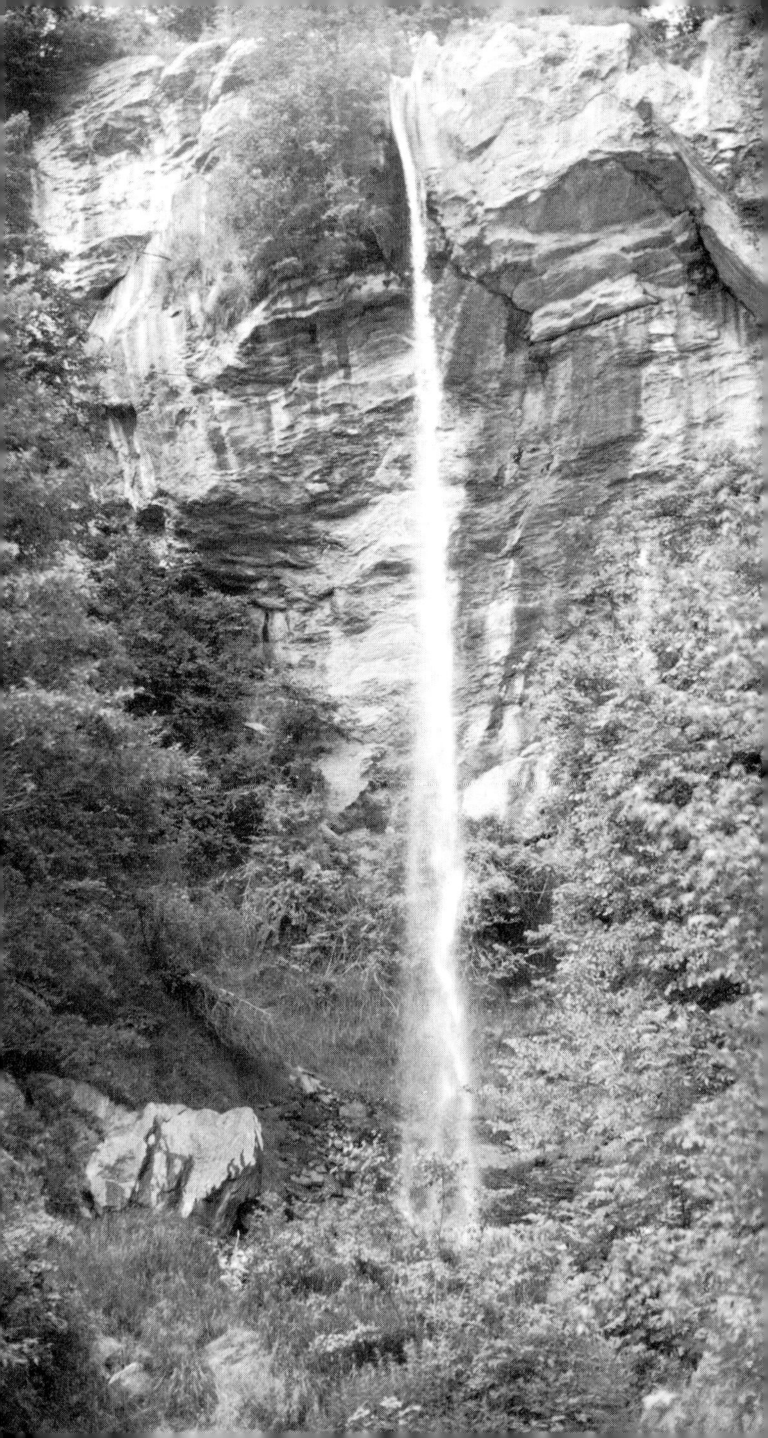

Am Südhang des Wilerhorns, Sicht hinab ins Aaretal.

10. ETAPPE: MEIRINGEN-HANDEGG

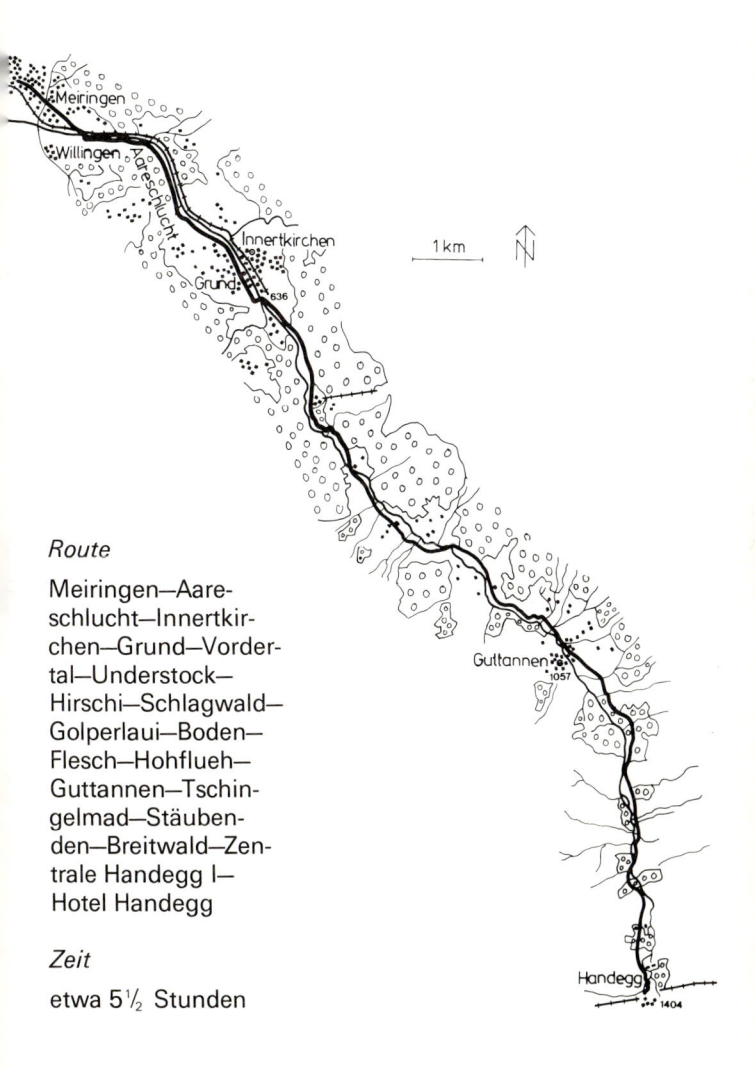

Route

Meiringen–Aareschlucht–Innertkirchen–Grund–Vordertal–Understock–Hirschi–Schlagwald–Golperlaui–Boden–Flesch–Hohflueh–Guttannen–Tschingelmad–Stäubenden–Breitwald–Zentrale Handegg I–Hotel Handegg

Zeit

etwa 5½ Stunden

Verpflegung, Unterkunft

Unterwegs

Urweid	Restaurant Urweid
Guttannen	Hotel-Restaurant Adler
	Hotel Restaurant Bären

Am Ziel

Handegg	Hotel Handegg
	036/73 11 31

Verkehrsverbindung

Postauto Handegg–Meiringen

Karte

Wanderkarte Oberhasli 1 : 50 000,
Verkehrsverein Hasliberg

Meiringen, der schmucke Ort im Oberhasli, ist von der Natur verwöhnt. Fette Wiesen und dichte Wälder betten das Dorf, steile Felswände bilden den mächtigen Rahmen, gischtsprühende Wasserfälle werfen sich ihm zu Füßen, und oben in der Ferne grüßen die gleißenden Firne des Wellhorns und Wetterhorns. Meiringen ist von der Natur verwöhnt — und heimgesucht. Schneeschmelze und Gewitter verwandeln die Wildbäche in reißende Ungeheuer, schwemmen Schutt und Schaden ins Dorf. In heulenden Nächten rast der Föhn durchs Tal und vergeht sich brandschatzend an Mensch, Tier und Haus.

Meiringen: Gewichtiges Paßzentrum im Berner Oberland. Engstlenalp und Jochpaß führen nach Engelberg, Gadmental und Susten nach Uri, der Brünig nach Obwalden, die Große Scheidegg nach Grindelwald. Nach Süden aber führt der Weg durchs Aaretal, über die Grimsel, ins Wallis: unser Weg.

Wir beginnen die Wanderung mit einem Landschaftswunder: Die fast anderthalb Kilometer lange, bis zu zweihundert Meter tiefe Aareschlucht, ein Meisterwerk der Wassererosion. Auf dem noch im letzten Jahrhundert angelegten Steg schreiten wir voran, durch die üppige Formenvielfalt des ausgewaschenen Gesteins; über uns drohende, schattige Wände, ganz oben getrennt durch das schmale blaue Band des Sommerhimmels. Unter uns, quirlend, zischend, schäumend, gurgelnd, pustend, tosend, die eiligen Wasser der jungen Aare.

Aus der Enge der Schlucht betreten wir den weiten Talgrund von Innertkirchen, das Seebecken vorgeschichtlicher Zeiten, wandern über den Aaredamm nach Innertkirchen.

Wir folgen dem alten Grimselweg: Von Grund über Vordertal nach Understock, weiter über Hirschi, durch den Schlagwald, quer über den Lawinenzug der Golperlaui, bis Boden, wo wir aufs rechte Aareufer hinüberwechseln, sonnseitig über Flesch und Hohflueh nach Guttannen.

Guttannen, das alte Säumerdorf, einst die oberste Siedlung im Haslital, von schroffen Bergketten umstellt, von Lawinen bedrängt, vom tobenden Föhn bestürmt . . . drohende Natur.

Doch wo die Natur droht, da schenkt sie auch. Tief im Bergesinnern, so will es die Sage, hüten Zwerge und Kobolde einen reichen Schatz von Bergkristallen. Und wem es gelingt, an die funkelnden Geschmeide einer geheimnisvollen Natur heranzukommen, der ist sicher vor Unheil und Krankheit, sicher vor Hexen und Gespenstern, sicher vor faulen Winden und Doggelidrücken.

Wir lassen das Strahlerdorf hinter uns, steigen auf der rechten Talseite durch Wald und Weide bis Tschingelmad, zeitweilig auf der asphaltierten Autostraße, über Stäubenden und durch den Breitwald, vorbei an der Zentrale Handegg I, hinauf zum Hotel Handegg, unserem Etappenziel.

Und immer wieder die schmucken, wetterbraunen Bauernhäuser.

Der romanische, freistehende Kirchturm von Meiringen, Glockenturm und Festung zugleich.

Blick Richtung Handegg.

11. ETAPPE: HANDEGG–GRIMSEL

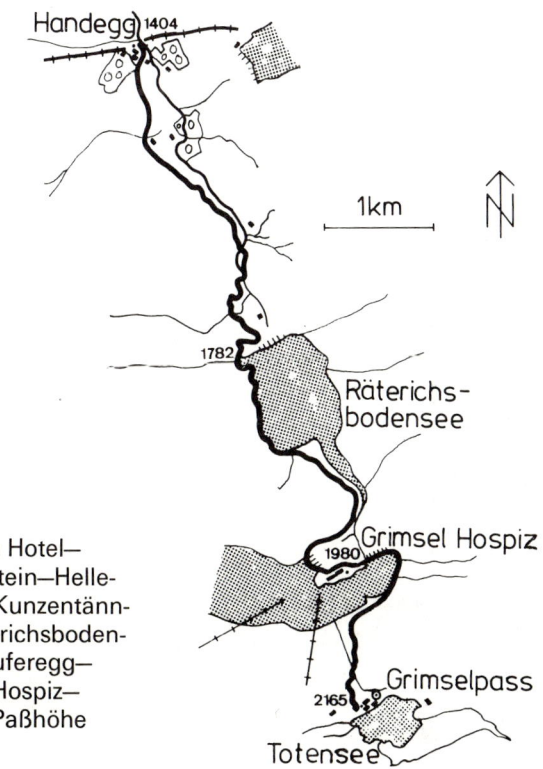

Route

Handegg Hotel–
Säumerstein–Helle-
platten–Kunzentänn-
len–Räterichsboden-
see, Seeuferegg–
Grimsel Hospiz–
Grimsel Paßhöhe

Zeit

gut 3 Stunden

Verpflegung, Unterkunft

Unterwegs
Grimsel-Hospiz   Hotel-Restaurant Grimsel-Hospiz

Am Ziel
Grimsel Paßhöhe Hotel Alpenrösli
036/73 12 91
Hotel Grimsel-Paßhöhe
036/73 11 37
Hotel Grimselblick
036/73 11 26

Verkehrsverbindung
Postauto Grimsel Paßhöhe—Handegg

Karte
Reise- und Wanderkarte Furka-Oberalp-Bahn,
Direktion der Furka-Oberalp-Bahn, Brig

Über die alte Säumerbrücke geht es grimselwärts.

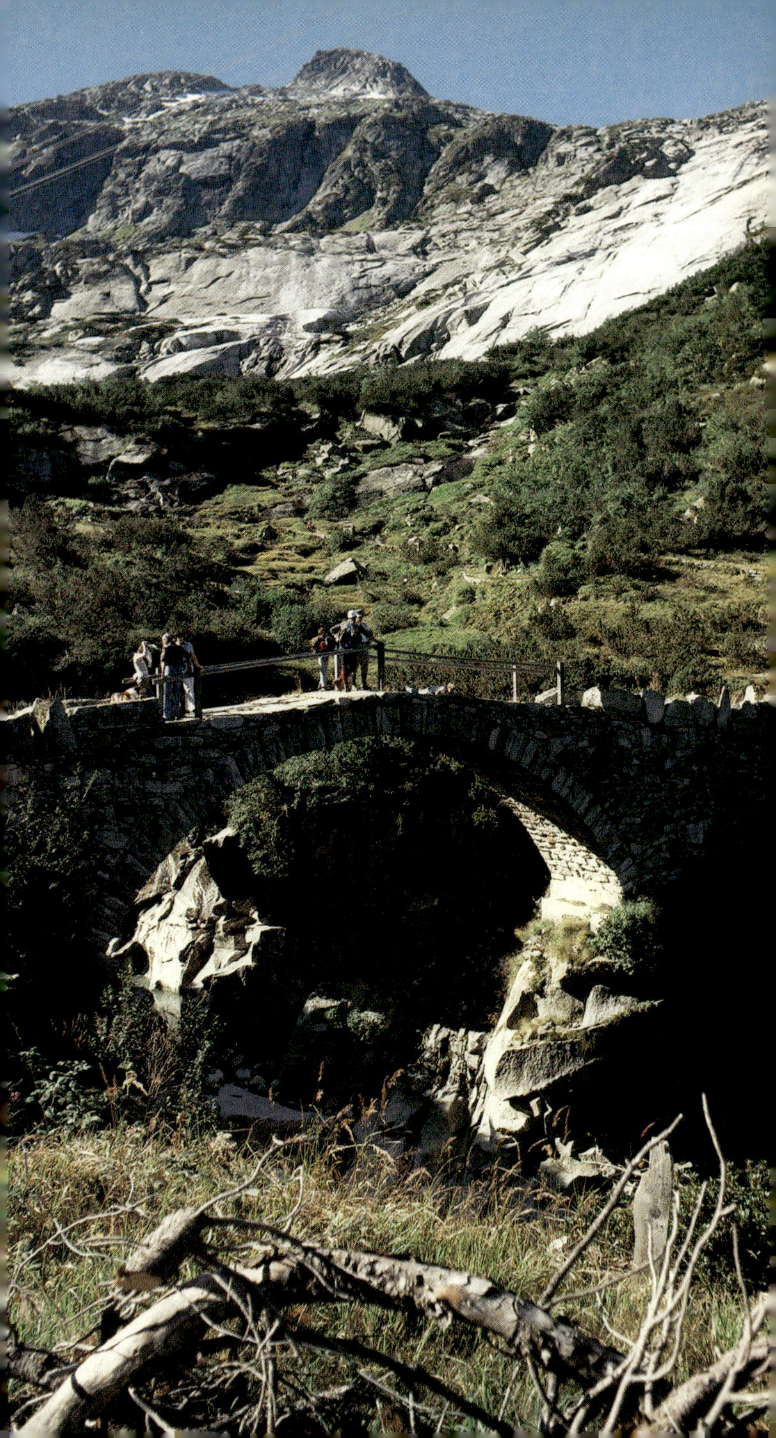

Keine Etappe hat uns bis jetzt auf unserer Wanderschaft das Nebeneinander von Technik und Natur so deutlich vor Augen geführt wie die Tour Handegg—Grimsel. Wie ist sie, diese Koexistenz ... friedlich ... feindlich?

Seit Basel begleitet uns getreulich, der Luftlinie und damit fast unserem Plan folgend, die Transit-Erdgas-Leitung Holland—Italien. Es ist eine geglückte, der Natur angepaßte technische Schöpfung, unsichtbar in den Boden verlegt, ohne Folgen für die Natur. Nur die orangefarbenen Dreieckprofile erinnern uns daran, daß hier der Mensch ein Röhrensystem dem Boden anvertraut hat, das gewaltige Energiemengen durch den Kontinent pumpt.

Anders steht es mit der elektrischen Energie, die durch die gewaltigen Naturkräfte des gebändigten Wassers gewonnen wird. Hier hat der Mensch kühn in die gegebene Ordnung der Natur eingegriffen. Hier hat die Technik das Antlitz der Landschaft grundlegend verändert. Hier wuchten sich massige Mauern breitspurig in die Täler, hier werden Regen-, Schnee- und Eiswasser aufgefangen, gebändigt, durch mächtige Stollen getrieben, auf rasende Turbinen gejagt ... hier werden der Natur mit prometheischer Kühnheit gigantische Kräfte entrissen.

Die Technik gibt und die Technik nimmt. Elektrische Energie bedeutet Fortschritt und Wohlstand, aber hier bedeutet sie auch, daß tosende Wasserfälle verstummen, daß sprudelnde Wasserläufe zum kargen Rinnsal verkümmern, daß Leitungsmasten und Drähte die Landschaft verunglimpfen, aber auch, daß neue Seen entstehen und mit ihrem Silberspiegel die Landschaft bereichern ... wer will da Bilanz ziehen?

Die Technik äußert sich auch noch ganz anders in diesem alten Paßgebiet. Stinkend, lärmend, heulend wälzt sich der Auto- und Motorradverkehr über den Berg... Karl Kraus hat einmal gesagt: «Die Technik ist ein Dienstbote, der so geräuschvoll Ordnung macht, daß die Herrschaft nicht Musik machen kann.»
Wir starten in Handegg. Wuchtig steht linker Hand die Staumauer des Gelmersees in der Landschaft. Wir schlagen den alten Saumweg ein, kommen an der ehemaligen Raststätte Säumerstein vorbei, erreichen über die Felsrippe der Helleplatten die Talweitung von Kunzentännlen und schließlich den Räterichsbodensee. Hier wurde der Wanderweg neu angelegt, linksufrig und fern vom Straßenlärm, teilweise in den Fels gehauen, idyllisch und erquickend für uns Fußgänger.
Das Grimselgebiet ist eine klassische Gletscherlandschaft. Ein ungewöhnlicher Reichtum eisgeschliffener Felsformen belohnt unsere Schritte. Die Sonne glitzert im Granit; wir legen uns in die Mulden und auf die Rundbuckel des glatten Gesteins, betasten es, beriechen es, beäugen es — ein wahrlich sinnliches Topographie-Erlebnis.
Schon sind wir auf der Höhe von Grimsel Hospiz. Fasziniert blicken wir über die langgestreckte Silberfläche des Grimselsees, der sich wie ein nordischer Fjord in die alpine Landschaft legt.
Weiter geht es leider ein Stück weit der Autostraße entlang, im Autogedränge eines typisch helvetischen Sonntags, nicht lange zum Glück, denn in der ersten Kehre zweigen wir rechts ab und erreichen, wiederum auf Wanderpfaden, die Grimsel Paßhöhe.

Der neu angelegte Wanderweg führt linksufrig dem Räterichsbodensee entlang.

Dann endlich: Die Grimsel-Paßhöhe.
Der Totensee und im Hintergrund die Walliser und
Tessiner Dreitausender.

Zwischen Handegg
und Räterichsboden.

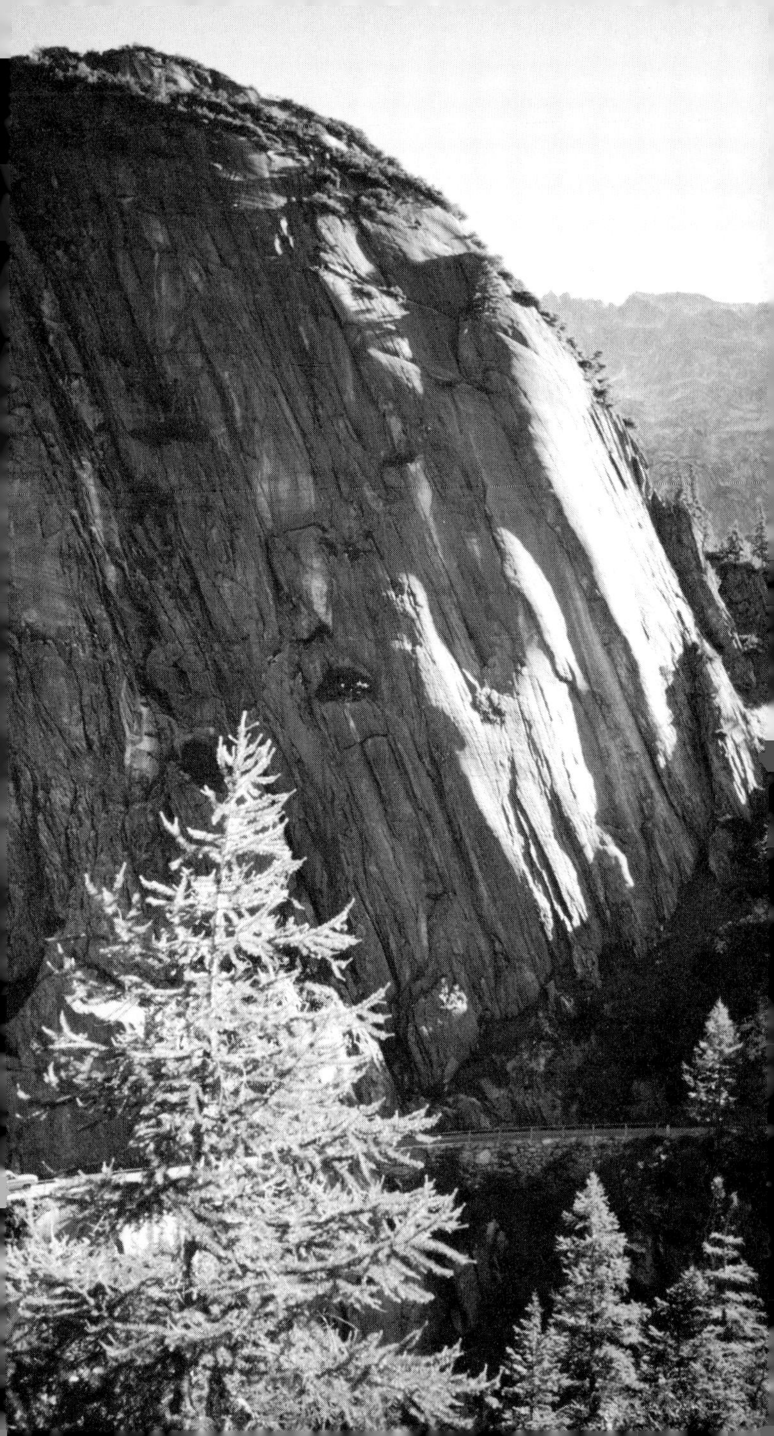

Wuchtig sperrt die Staumauer des Räterichsbodensees das Tal. Im Hintergrund die Gerstenhörner.

12. ETAPPE: GRIMSEL-OBERGESTELN

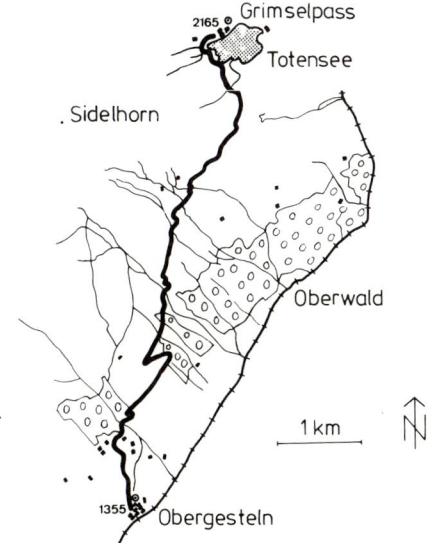

Route

Grimsel Paßhöhe—
Kreuzegg—Hintere
Grimsel—Altstafel—
Obergesteln

Zeit

2 Stunden

Verpflegung, Unterkunft

Unterwegs keine

Am Ziel

Obergesteln Gasthaus Grimsel
028/73 11 56

Tip für Käseliebhaber
Gomser

Karte
Reise- und Wanderkarte Furka-Oberalp-Bahn,
Direktion der Furka-Oberalp-Bahn, Brig

Der Abstieg von der Grimsel Paßhöhe nach Obergesteln ist eine Sache von knappen zwei Stunden. Natürlich hätten wir die bescheidene Strecke noch unserer letzten Etappe anhängen können. Aber so langsam werden die An- und Rückfahrten unserer Tagestouren kompliziert und zeitraubend.

Daher wechseln wir, von der elften zur zwölften Etappe, unseren Wanderstil: Von Basel bis zur Grimsel war es ein Wandern «auf Raten», in Ein- oder Zweitagestouren. Die verbleibenden sechs Etappen aber, von der Grimsel nach Ascona, werden wir in eine einzige Wanderwoche legen.

Also besammelt sich unsere Wandergruppe Ende Juli oben auf der Grimsel Paßhöhe zur zusammenhängenden Wochentour ... in stockdickem Nebel und grimmiger Kälte. Die Enttäuschung steht den Wanderern im Gesicht.

Am Ende der letzten Wanderung bot uns die Grimsel einen überwältigenden Ausblick auf die Hochalpen des Wallis und auf die Bergriesen des Berner Oberlandes — und jetzt ... dichter, feuchter, kalter Nebel.

Doch da nützt alles nichts. Wir ziehen los, zum ersten Mal seit Basel bei schlechtem Wetter, mühsam unseren Weg suchend. Es ist der Weg, den auch schon die Säumer vor vielen Jahrhunderten genommen haben, der alte Saumpfad Bern—Domodossola, der Weg über die Kreuzegg, die hintere Grimsel, Altstafel nach Obergesteln.

Im Nebel tappen wir davon, und plötzlich, keiner traut seinen Augen, ziehen die warmen Winde des Wallis auf, zerreißen die dichten Nebelschwaden, die Sonne bricht durch, unter uns breitet sich das sommerliche Goms aus, und vor uns zeichnen sich immer deutlicher die Umrisse der Walliser Alpen in den aufklarenden Himmel. Wieder ist der Wettergott uns Wandersleuten wohlgesinnt; wir marschieren in einen strahlenden Abend hinein, Obergesteln entgegen ... das Wunderwetter wird uns auf unserem Zug zum Süden bis Ascona nicht verlassen. Aus fernen Kindheitstagen summt sich ein vergessenes Lied in meine Erinnerung: Wem Gott will rechte Gunst erweisen ...

Flechten im Fels — ein vollkommenes Kunstwerk.

*Und immer wieder plätschert und plaudert
Wasser an unserem Weg, sprudelt talwärts,
ermuntert uns zum Weiterziehn.*

*Obergesteln im Goms,
unser Ziel . . . und Start zu neuen Wandertaten.*

*Sicht frei aufs Mittagshorn,
rechts der markante Einschnitt des Äginentals . . .
unser künftiger Weg.*

13. ETAPPE: OBERGESTELN–CORNO-GRIES

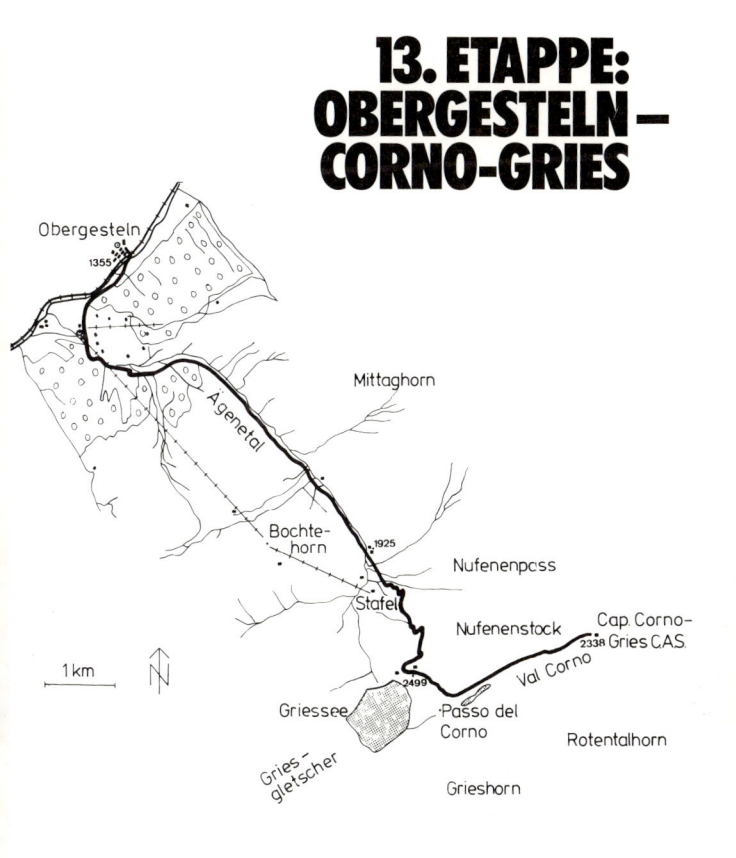

Route

Obergesteln–Loch–
Ladstafel–Griessee–
Passo Corno–
Capanna SAC Corno-
Gries

Zeit

etwa 6 Stunden

Verpflegung, Unterkunft

Unterwegs	keine
Am Ziel	Einzige Übernachtungs- und Verpflegungsmöglichkeit:
Corno-Gries	Capanna CAS Corno-Gries (nur Massenlager) 094/88 11 29

Reservationen über Signor
Fabio Mafioletti, 6780 Airolo
094/88 11 68

Spezialität (Geheimtip)

Risotto à la Frau Hüttenwart mit Merlot aus dem Weinberg des Hüttenwarts

Karte

Furka-Oberalp-Bahn Reise- und Wanderkarte,
Direktion Furka-Oberalp-Bahn, Brig
Landeskarten der Schweiz: Blatt 1270 Binntal,
Blatt 1271 Basódino, Blatt 1251 Val Bedretto

Die natürliche Fortsetzung des Grimsel-Überganges ist das Äginental. Der seit alten Zeiten bekannte Saumweg führt entweder hinüber ins Bedretto und die Leventina oder über den Griespaß ins italienische Val Formazza nach Domodossola. In der Leventina lockt die schöne Strada Alta . . . für unseren Geschmack etwas zu sehr in Mode gekommen, zu stark begangen.

Der Griespaß und das Val Formazza locken uns mehr; vor allem dann die Pfade über die Guriner Furgge nach Bosco/Gurin, hinüber in die Valle di Campo und Valle Onsernone. Hier aber stellen sich unüberwindliche Unterkunftsprobleme. Mein Briefwechsel mit der Gemeinde Bosco/Gurin ergibt, daß das Dorf nicht in der Lage ist, einem Schwarm von 15 Wandervögeln ein Nest für eine Nacht zu bauen, und in den andern Tälern ist es genau gleich. Leider also nicht.

Wir erwägen Übernachtungen im Zelt, was aber — wortwörtlich — gewichtige Transportprobleme bringen würde. Einer hat den Einfall, die Zelte mit einem Maultier mitzunehmen, eine Idee, die wir nach langem Hin und Her wieder verwerfen . . .

Was also bleibt uns?

Ein emsiges Kartenstudium — es lebe die Landestopographie mit den hervorragenden 1 : 25 000-Karten — zeigt uns schließlich noch eine Variante: Den Weg über den wenig begangenen Cornopaß.

Am frühen Morgen ziehen wir in Obergesteln los, durch das taufrische Obergoms zum Weiler Loch, wo wir ins Äginental einschwenken. Ich fürchte, der Autoverkehr Richtung Nufenenpaß könnte unser Wanderglück trüben, doch meine Furcht ist unbegründet: Der Wanderweg verläuft

abseits der Straße, und der Autolärm wird durch die rauschenden Wasser der Ägina übertönt. Wir wandern das Tal empor, durch Wiesen und Wälder, es riecht nach Heu und Harz, und über uns lacht ein tiefblauer Himmel.
Nach Ladstafel verzweigt sich unser Weg, links empor zum Nufenenpaß, rechts hinauf zum Griespaß. Wir biegen rechts ein, steil bergan geht es, hinauf zum Griessee; in seinen dunklen Wassern spiegeln sich die Eismassen des langgezogenen Griesgletschers, das wuchtige Blinnenhorn und seine Ausläufer. Wir verlassen den See und den Pfad zum Griespaß, schlagen einen linken Haken um den Nufenenstock herum und über den Cornopaß hinein in die arktische Welt auf der Südseite unserer Alpen, dicht an der Grenze zwischen Wallis und Tessin.
Wer Tessin sagt, der meint meistens Sonne und Nostrano, milde Gestade und Palmen. Hier am Cornosee aber finden wir eine phantastische Arktis, eine Welt aus Wasser, Schnee und Eis, die uns vor Staunen verstummen läßt.
Zwölf Wandertage sind es seit Basel, zwölf Tage intensiv gelebtes Leben. Ich möchte keinen einzigen dieser Tage missen, und ich glaube, ich bin mit meinen Superlativen bis jetzt nicht eben knauserig gewesen. Aber man kann nicht zwölfmal hintereinander «einmalig!» sagen, sonst verliert man seine Glaubwürdigkeit . . .
Hier in der arktischen Welt von Corno verlassen mich die Superlative, es wird still in mir, ich vergesse mein Ich, ich nehme die Landschaft in mich auf, die Landschaft nimmt mich in sich auf. So mystische Momente des Einsseins mit der Welt sind mir selten . . . ich erinnere mich an einen Sonnenuntergang auf Santorin, an eine

Durchs Cornotal zur Capanna Corno-Gries.

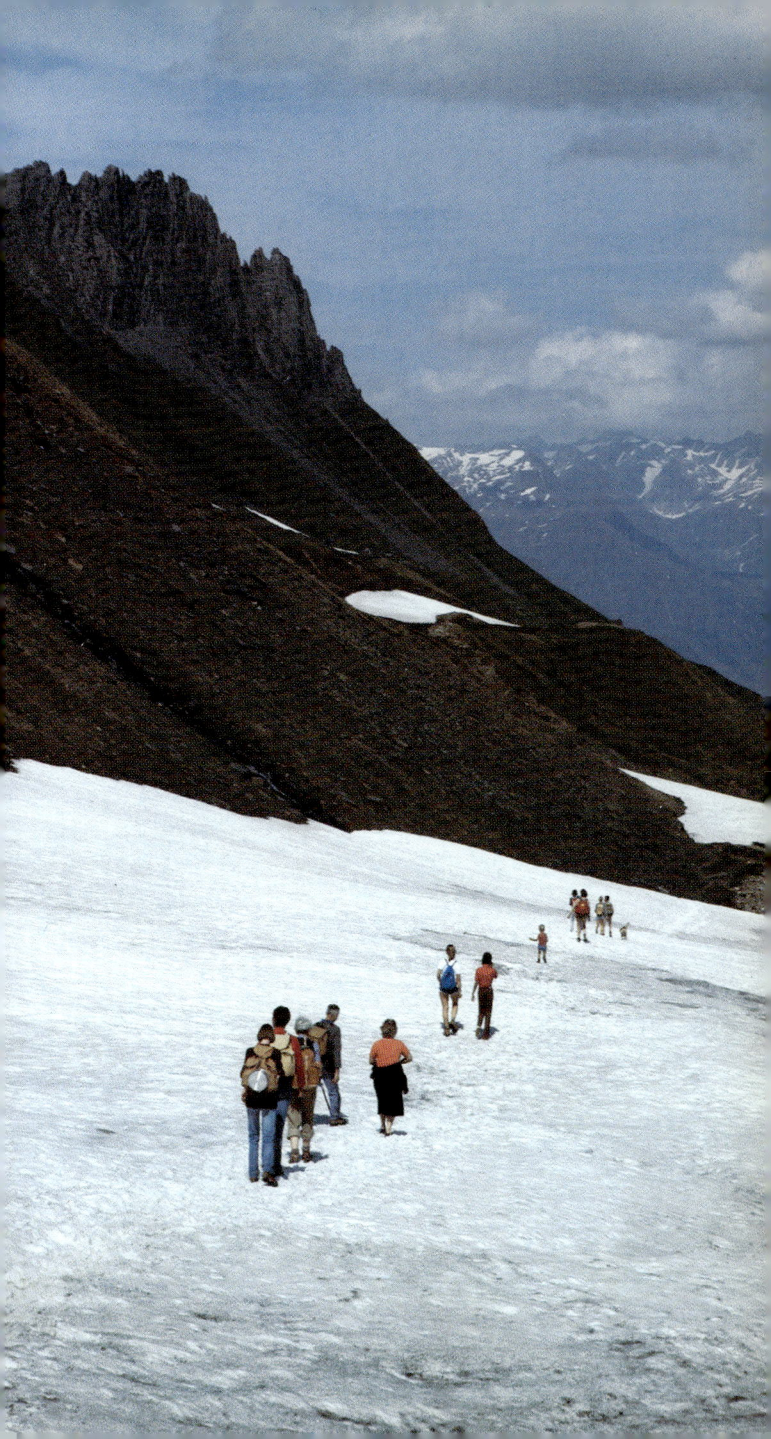

Kapelle im Weiler «zum Loch» am Eingang zum Äginental.

Mondnacht in der Schärenlandschaft zwischen Schweden und Finnland, an eine Schiffahrt in einer regungslos glatten See zwischen Stromboli und Sizilien, an eine sternenklare Tropennacht auf dem Corcovado in Rio ...
In so seltenen Momenten möchte ich die ganze Welt umarmen, all meine Freunde um mich haben und nur sagen: «Schau!»
Wir wandern weiter durch das Val Corno bis hin zur SAC-Hütte Capanna Corno-Gries, wo uns der Hüttenwart sein Eigengewächs Nostrano zum Trunke reicht, wo uns seine Frau eine Minestra alla ticinese kocht und wo wir schließlich unsere wohlverdiente Ruhe finden.

Der frische Käse wird vom «Sennebue» aufs «Räf» gepackt.

In der arktischen Welt von Val Corno.

Blick zurück zum Cornogletscher.

Vor uns steht die Staumauer des Griessees wuchtig in der Landschaft.

14. ETAPPE: CORNO-GRIES – BASODINO-HÜTTE

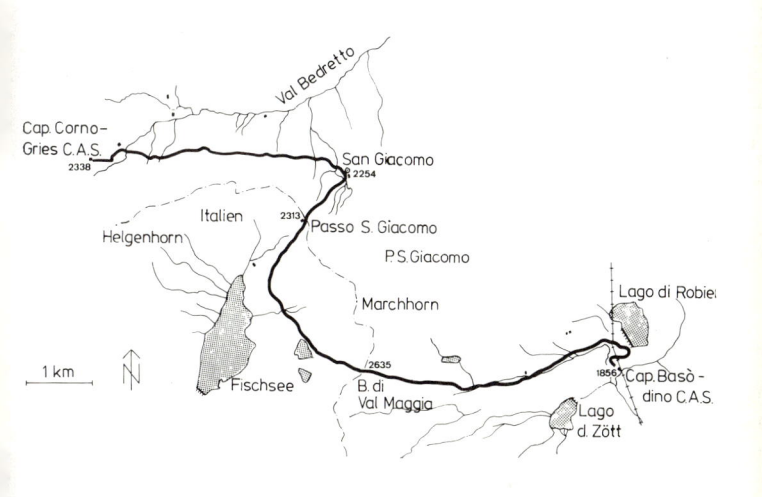

Route

Capanna Corno-Gries—Pian Tondo—San Giacomo—Passo San Giacomo—Laghi Boden—Bocchetta di Val Maggia—Randinascia—Robiei

Zeit

etwa 6½ Stunden

Verpflegung, Unterkunft

Unterwegs keine

Am Ziel

Robiei Capanna CAS Basódino
(nur Massenlager)
093/99 12 92

Reservationen über Signor
Giuseppe Poncini, 6653 Verscio
093/81 15 50

Tessiner Küche, einfach aber
gepflegt

Karte

Landeskarten der Schweiz, Blatt 1251 Val Bedretto,
Blatt 1271 Basódino

«Feuer und Wasser sind gute Diener, aber schlimme Herren», sagt ein Sprichwort aus unseren Breiten. Unten im Maggiatal, wir werden es erleben, hat das Wasser vor wenigen Jahren Herr gespielt — die bösen Spuren dieser Herrschaft sind heute noch sichtbar. Hier oben in der Hütte von Corno-Gries ist das Wasser Diener . . . und wir erleben, was es heißt, wenn dieser Diener fehlt. Ein paar hundert Meter unterhalb der Hütte sprudelt eine Quelle; ein Widder pumpt das köstliche Naß nach oben. Gestern ist der Widder ausgestiegen, und an einem Abend, in einer Nacht und an einem Morgen lernen wir wieder, was Wasser wert ist. «Den wahren Geschmack des Wassers erkennt man in der Wüste», sagt ein Sprichwort, das in anderen Breiten entstanden ist.

Wir vermissen das Wasser nur kurz, den sonst ist das Element ein treuer Weggefährte. In dünnen Rinnsalen fließt es vom Nordhang des Helgenhorns, näßt unsern Pfad im Cornotal und findet sich weit unter uns im Bedretto zu den Wassern des jungen Ticino.

Auf 2300 Meter Höhe haben wir unsere Hütte verlassen. Wir schreiten — fast immer auf der gleichen Höhe — mühelos über Pian Tondo, zwischen Löite di Paltano und Valle Rossa nach San Giacomo, dem obersten Stafel der Alpe di Formazzora. Auch auf San Giacomo ist Wasser an unserem Weg. Links vor uns dehnt sich eine sumpfige Hochebene; ihr entfließt der Ri di San Giacomo, sprudelt talwärts und vereinigt sich mit dem Ticino, kurz vor dem Bedrettodorf All'Acqua.

Ein Steg quert den klaren Bach; unser Weg steigt sanft bergan zum Passo San Giacomo, zum Übergang ins italienische Formazzatal, oder, wie es früher hieß, ins Pomat, denn die Dörfer im Pomat sind eigentlich Walsersiedlungen, und vereinzelt gibt es noch alte Pomatter, die Walserdeutsch sprechen.

Auf der Paßhöhe von San Giacomo haben sich vor mehr als fünfhundert Jahren die Liviner und die Pomatter eine erbitterte Schlacht geliefert. Wenn Menschen sich streiten, dann geht es meistens um Besitz ... in diesem Fall um die hinter uns liegende Alpe di Formazzora. Jedenfalls zogen in der Folge dann fünfhundert zornige junge Männer aus der Urschweiz über den Paß und eroberten Domodossola. Worauf dann wieder ein Visconti auszog, die Stadt belagerte und die fünfhundert Besatzer bedrängte ... bis schließlich 15 000 Eidgenossen über Grimsel und Albrun zu Hilfe eilten.

Auch wir überschreiten den San Giacomo und damit die Grenze nach Italien, ohne Belagerungsabsichten, ohne Zoll- und Paßformalitäten. Und wieder liegt Wasser an unserem Weg. Unter uns dehnt sich der Fischsee, ein Staubecken mit dem italienischen Namen Bacino del Toggia. Wanderwege gibt es keine mehr; wir bleiben genau auf der Höhenkurve 2300, schreiten durch das Alpgelände, rechts am markanten Felsvorsprung Rupe del Gesso vorbei, zwischen den beiden Bergseen Laghi Boden hindurch.

Hier halten wir Rast. Vor uns die Spiegel der beiden Seen, unter uns der Fischsee und der Lago Castel ... am Horizont die Dreitausender an der Grenze Wallis/Italien: Blinnenhorn, Hohsandhorn, Ofenhorn.

Und jetzt geht es steil bergan, durch wegloses Geröll, über Blöcke und Schneefelder hinauf zur

Die Bergkapelle von San Giacomo.

*Die Laghi Boden,
am Horizont die Kette der Walliser–Italiener Alpen.*

Bocchetta di Val Maggia, diesem unmarkierten Durchschlupf zwischen dem Pizzo Fiorina und dem Kastelhorn, hinauf auf 2635 Meter, zurück in die Schweiz, hinein in eine neue Landschafts-Szene, in eine neue überwältigende Sicht. Vor uns das Basódino-Massiv, der gewaltige Dreitausender zwischen Tessin und Pomat, der Basódino-Gletscher und die von ihm geprägte Landschaft: wuchtige Stirn- und Seitenmoränen, Rundhöcker, Bergseen, Schwemmlandebenen.
Oben auf der Bocchetta finden wir — die Überraschung ist perfekt — die rotweißen Wegmarken der Tessiner Bergpfade, eine nützliche Orientierungshilfe, denn der Abstieg über Geröll und Felsblöcke hinunter nach Randinascia ist nicht eben leicht. Da erinnern wir uns an die Maulesel-Idee. Zum Glück haben wir den Vorschlag fallen lassen, denn in dieser wilden Block-Landschaft hätten wir den Esel tragen müssen.
Wieder plätschert Wasser an unserem Weg. Ein munterer Bergbach, wahrscheinlich das Quellgewässer der Bavona, begleitet uns bis hinunter nach Robiei, wo wir in der Capanna del Basódino noch einmal das Berghüttenleben genießen — denn morgen geht es talwärts.

Ein Blick zurück: Basódino.

15. ETAPPE: BASODINO-HÜTTE-BIGNASCO

Route

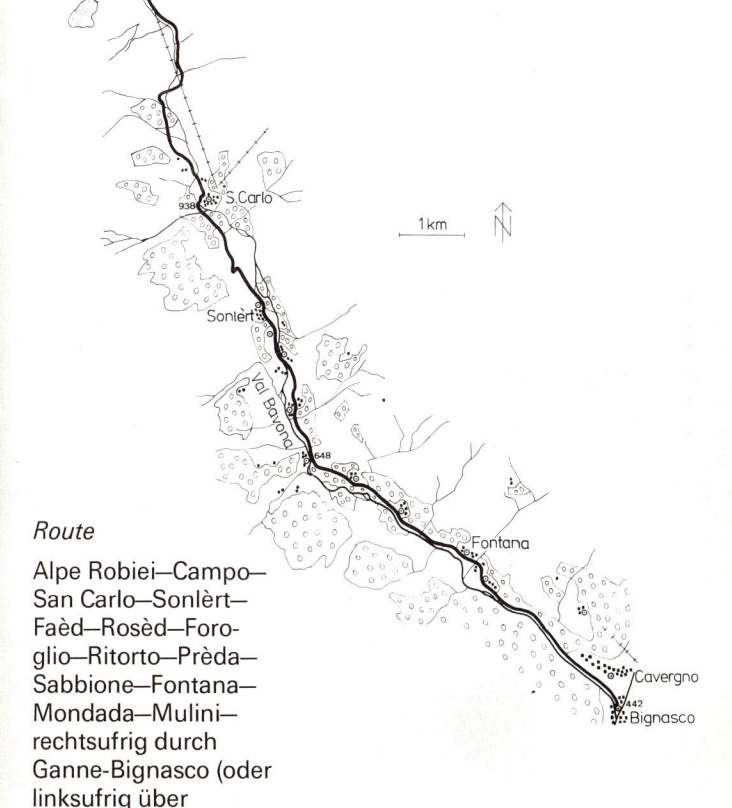

Alpe Robiei—Campo—San Carlo—Sonlèrt—Faèd—Rosèd—Foroglio—Ritorto—Prèda—Sabbione—Fontana—Mondada—Mulini—rechtsufrig durch Ganne-Bignasco (oder linksufrig über Cavergno—Bignasco)

Zeit

etwa 5 Stunden

Verpflegung, Unterkunft

Unterwegs

San Carlo	Ristorante Basódino
Sonlèrt	Grotto Bavona
Foroglio	Ristorante Froda (schon anschauen lohnt sich)
Fontana	Grott' di Baloi
Am Ziel	Übernachtungsmöglichkeiten:
Bignasco	Albergo della Posta 093/96 11 23
	Ristorante dei Turisti 093/96 11 65

Karte

Landeskarten der Schweiz, Blatt 1271 Basódino, Blatt 1291 Bosco/Gurin

Mit einem kräftigen Berghütten-Frühstück gestärkt steigen wir an die tausend Meter ab, über den Flecken Campo nach San Carlo, durchs wildromantische Bavonatal, auf gut angelegten steilen Wanderwegen. Uns begleiten die sprudelnden und sauberen Wasser der jungen Bavona, der die Energiewirtschaft allerdings einen empfindlichen Aderlaß zugefügt hat.

Unser Weg führt zeitweise über die Autostraße des Tales, doch am frühen Morgen ist der Verkehr noch spärlich, und immer wieder gibt es neckische Nebenwege, unerwartete Abkürzungen. Sonlèrt liegt an unserem Weg, und Faèd, wo wir die Abzweigung nach Rosèd nehmen und, wieder auf einem Nebenpfad, nach Foroglio kommen.

Foroglio: früher Bauerndorf, heute Ferienort. Wirtschaftliche Not hat die Bauern vertrieben, und wirtschaftliches Wohlergehen hat natursehnsüchtige Städter angezogen. So ist das: Man flieht das Land, zieht in die Stadt, um soviel zu verdienen, daß man es sich leisten kann, auf dem Land zu leben. Eines muß man den Heutigen von Foroglio lassen: Sie haben den Charakter des verträumten Dorfes erhalten . . . zweckentfremdete Rustici sind mir immer noch lieber als zerfallene.

Unser Weg geht weiter durch das noch fast unberührte Bavonatal, auf der Hauptstraße über Ritorto, Prèda, Sabbione, Fontana nach Mondada.

Bei Mulini trennt sich unsere Wandergruppe in zwei Trüppchen. Die Frauen bleiben auf der Autostraße, die Männer und die abenteuerlustige Jungmannschaft queren die Bavona über das Stauwehr von Mulini und dringen rechtsufrig durch das Gehölz weiter vor. Wir wissen, daß dieser Weg ein Holzweg ist, aber wir wissen auch — einmal mehr ein Hoch auf unsere Landestopographie —, daß nach einigen hundert Metern Dickicht, Gestrüpp und Felsblock-Hindernissen ein dünner Pfad auf uns wartet und uns dem Etappenziel Bignasco entgegenführt, wo wir bei einem Glas Nostrano Wiedersehen mit den Frauen feiern.

Winkel in San Carlo.

. . . *und da sagt man immer, unsere PTT würden aufwendig bauen.*

POSTA
S. Carlo
(Val Bavona)

Dorfbrunnen und Wäscheplatz in Foroglio.

Früher Rustico — heute Ferienhaus (in Foroglio).

16. ETAPPE: BIGNASCO - AURIGENO

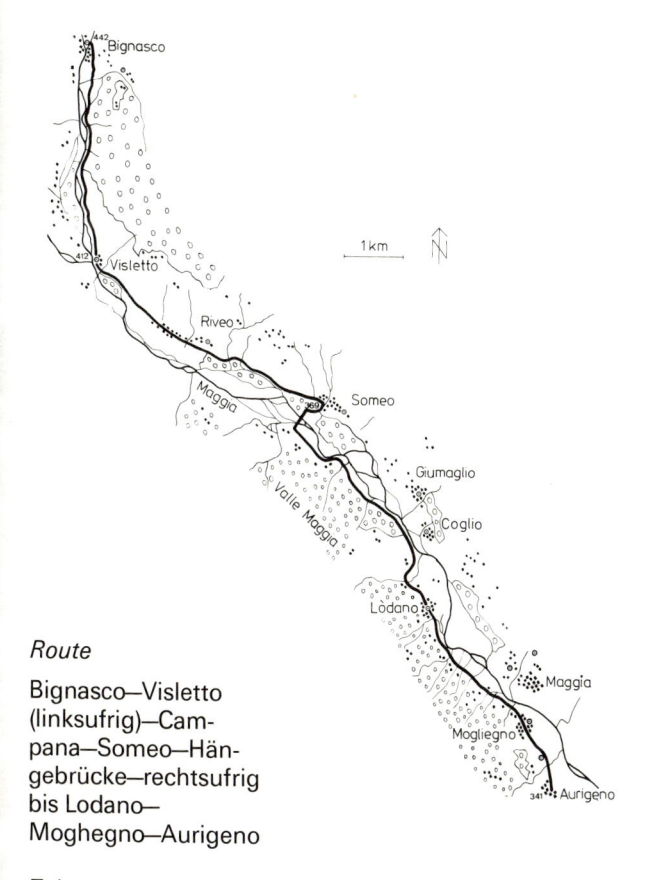

Route

Bignasco–Visletto (linksufrig)–Campana–Someo–Hängebrücke–rechtsufrig bis Lodano–Moghegno–Aurigeno

Zeit

knapp 5 Stunden

Verpflegung, Unterkunft

Unterwegs

Riveo	Ristorante Soladino
Someo	Bar Pia Bar Alzasca
Lodano	Ristorante Cramalina
Moghegno	Osteria Coop

Am Ziel   Übernachtungsmöglichkeiten:

Aurigeno   Trattoria Giovanetti
093/87 11 33

Pensione Millefiori
093/87 13 02

Ostello Aurigeno (Massenlager)
031/25 94 31

Karte

Landeskarten der Schweiz, Blatt 1292 Maggia,
Blatt 1312 Locarno

Irgendwo im Emmental gibt es einen Gasthof, einen altehrwürdigen, behäbigen «Leuen», der so bekannt ist, daß die Prominenz des In- und Auslandes hier ein- und ausgeht. Der Leuenwirt schätzt seine Kundschaft . . . und verwöhnt sie. Aber einmal hat er mir gesagt: «Die liebsten Gäste sind mir die Wanderer.»

Das ist nicht überall so. Ascona, das große Ziel unserer Wanderung durch die Schweiz, weist uns schnöd die Türen. Auf zwanzig frühzeitige Anfragen geruhten zehn Hotels immerhin zu antworten . . . und es waren zehn Körbe. In der Saison hat Ascona keinen Platz für verschwitzte Wanderer mit staubigen Schuhen.

Anders in Bignasco. Da finden wir einen Albergatore vom Schlag meines Leuenwirts. Er beherbergt uns, bemuttert uns, daß es eine Freude ist. Und er löst unsere weiteren Unterkunftsprobleme: Am Ende der künftigen Tagesetappen werden wir heimkehren nach Bignasco, heim zu Muttern, heim zu Tullio.

Aber noch haben wir den Wandertag vor uns. Frühes Glockengebimmel vom nahen Kirchturm begleitet unseren Auszug aus Bignasco. Über eine alte, kühn geschwungene Steinbrücke queren wir die Maggia, der sich hier die Bavona zugesellt, wandern unbeschwert durch Felder, Matten und Kastanienwälder linksufrig der Maggia entlang.

Bis Visletto. Und hier wird unsere Wanderung zäh. Der Weg führt unvermeidlich über heißen Asphalt und holperigen Schotter der längst nicht mehr betriebenen Maggia-Bahn. Die Sonne steht steil, und der Verkehr stinkt und lärmt.

Nicht lange zum Glück. Denn in Someo zweigen wir links ab und queren die Maggia über eine

350 Meter lange, schwankende Fußgänger-Hängebrücke.
Und wieder sind wir in unserem Element. Lauschige Wanderwege führen durch Felder, Wiesen, Rebgelände und Kastanienhaine. Rechts von uns breitet sich die imposante Schwemmlandschaft der Maggia. Im weiten Steinbett zieht der Fluß in mehreren Wasserläufen seine Mäander, harmlos heute, in dünnen Rinnsalen, die zum Baden laden. Vor wenigen Jahren aber hat die Maggia wieder einmal gezeigt, wie sie auch sein kann: Ihre wild angeschwollenen Fluten rissen die Ufer ein, zerstörten Straßen, zertrümmerten Brücken, schleppten Geröll auf fruchtbare Felder und Wiesen . . . noch sind die Spuren der wütenden Wasser nicht getilgt.
Heute aber gibt sich die Maggia lieblich. Wir genießen die erfrischende Nähe des friedlichen Wassers, baden, ziehen weiter, halten Rast in der Osteria des bis jetzt einzigen rechtsufrigen Dorfes Lodano, dann weiter durch Gras und Heu, Reben und Kastanien, über Moghegno nach Aurigeno.
Und das Wetter? Der Mensch ist ein undankbares Wesen: Schon nehmen wir den strahlend blauen Himmel als Selbstverständlichkeit.

Sympathische Wegmarke:
Der Rhombus der Tessiner Wanderwege.

Sentiero

Elegant schwingt sich die alte Steinbrücke von Bignasco über die Maggia.

Auf dem Weg nach Aurigeno.

17. UND LETZTE ETAPPE: AURIGENO-ASCONA

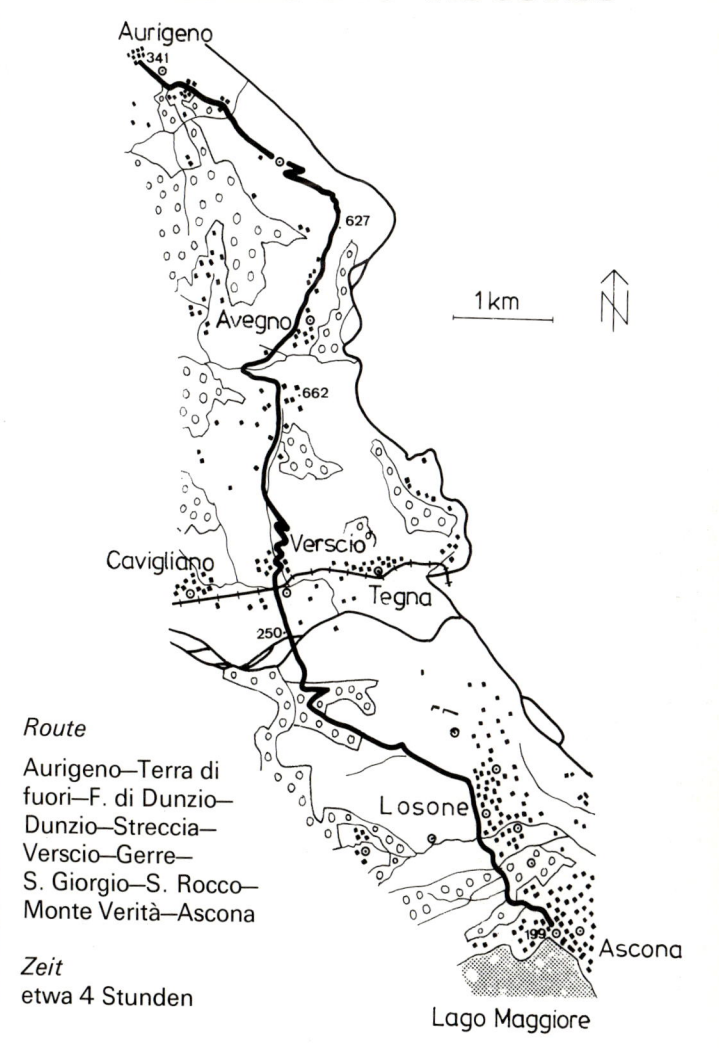

Route

Aurigeno–Terra di fuori–F. di Dunzio–Dunzio–Streccia–Verscio–Gerre–S. Giorgio–S. Rocco–Monte Verità–Ascona

Zeit
etwa 4 Stunden

Verpflegung, Unterkunft

Unterwegs

Avegno	Grotto Mai Morire
	Grotto al Sasso
Verscio	diverse Ristoranti, Bar, Grotti
Am Ziel	Vielfältige Übernachtungs- und Verpflegungsmöglichkeiten. Einzelübernachtungen in der Saison äußerst schwierig. Informationen durch:

Ente Turistico di Locarno e Valli,
Vl. F. Balli 2, 6600 Locarno
093/31 86 33

Karte

Landeskarte der Schweiz, Blatt 1312 Locarno

Der Name Aurigeno deutet auf Gold. Und in der Tat: Der Legende nach soll die Ortsbezeichnung auf den vom Garinapaß heruntergeschwemmten goldhaltigen Sand zurückzuführen sein. Wir bemerken nichts von diesem heimlichen Reichtum. Oder doch? In einer goldenen Morgensonne ziehen wir zum Dorf hinaus, an der Pfarrkirche San Bartolomeo vorbei nach Terra di fuori, bergan nach Forca di Dunzio. Ein letztes Mal blickten wir zurück und hinab ins breite Flußbett der Maggia, in diese gewaltige Schwemmlandschaft, blicken vorwärts Richtung Ponte Brolla, wo sich die Maggia durch die Felsen zwängt und dann geradewegs dem Langensee zufließt.
Ein verträumtes Bergtal nimmt uns auf, eine erstaunlich unberührte Landschaft, trotz der Nähe von Locarno und Ascona. Schon steht die Sonne auf Durst, wir wandern durch das Dorf Dunzio und halten vergeblich Ausschau nach einem Grotto oder einer Osteria . . . sparen wir den Durst für später.
Durch das Val Nocca schreiten wir weiter bergan, über den Sattel nach Streccia und Riei. Und zum erstenmal erleben wir ganz deutlich diese neue Tessiner Landschaft. Das ist nicht mehr die Arktis des Basódino, nicht mehr das Alpgebiet von Robiei, nicht mehr die Flußlandschaft der Bavona und Maggia . . . was wir da durchschreiten ist üppig, freigebig, südlich.
Wir steigen hinab zum ersten Dorf im Melezzatal, hinab nach Verscio, halten Rast bei Spaghetti und Merlot.
Dann kommen wir am mittlerweile berühmten Teatro Dimitri vorbei. Und ob wir wollen oder nicht . . . hier bekommt auch unsere Wanderung einen Zug ins Clowneske: Vor uns fließt die

Melezza, und Brücken gibt es hier keine. Wir aber wollen hinüber nach Gerre...
Ein Bad in der Melezza erfrischt; wir ziehen weiter, kommen am ehemaligen Ausbildungsgelände von Losone vorbei und schwitzen wie die Grenadiere.
Die letzten Kilometer sind asphaltiert und ziemlich lärmig: San Giorgio, San Rocco, Monte Verità... Ascona!
Ascona! Basel–Ascona! Von der Humanistenstadt am Rheinknie zum Künstlerdorf am Lago Maggiore. Eine lange Zeit — eine kurze Zeit — eine schöne Zeit.
Wir schreiten zum See und baden die Füße im kühlenden Naß — für das sommerlich mondäne Ascona ein befremdliches Tun. Doch uns ist's egal. Vor uns blaut der See...

Pfad im grünen Tal des Ri da Riei.

Die Kirche von Moghegno.

Steintreppen-Idylle bei Lodano.

Immer wieder stehen Bildstöcke an unserem Weg — Zeugen vergangener Gläubigkeit?

INHALT

Seite

Vorwort	5
1. Etappe: Basel–Ziefen	9
2. Etappe: Ziefen–Langenbruck	17
3. Etappe: Langenbruck–Roggwil	25
4. Etappe: Roggwil–Huttwil	33
5. Etappe: Huttwil–Napf	43
6. Etappe: Napf–Escholzmatt	51
7. Etappe: Escholzmatt–Kemmeribodenbad	59
8. Etappe: Kemmeribodenbad–Brienzer Rothorn	67
9. Etappe: Brienzer Rothorn–Meiringen	75
10. Etappe: Meiringen–Handegg	83
11. Etappe: Handegg–Grimsel	89
12. Etappe: Grimsel–Obergesteln	99
13. Etappe: Obergesteln–Corno-Gries	105
14. Etappe: Corno-Gries–Basódino-Hütte	115
15. Etappe: Basódino-Hütte–Bignasco	123
16. Etappe: Bignasco–Aurigeno	131
17. Etappe: Aurigeno–Ascona	137